마·음·순·례

| 당신 마음 속으로, 내 마음을 다하여 |

마·음·순·례

이상구 안드레아코르시니

좋은땅

마음순례를 떠나며

'성당에 가자'고 결심한 건 2019년 7월이었습니다. 전광석화 같은 결정이었지만 그저 충동만은 아니었습니다. 오래도록 그래야 한다는 당위와 그럴 것이라는 운명적인 예감 따위가 차곡차곡 쌓여 왔습니다. 그 시작은 제 아버지이십니다. 일혼이 다 되어 세례를 받으셨습니다. 뇌경색으로 불편한 몸이 되고서도 주일만 되면 빠지지 않고 성당에 나가셨습니다.

마침 일 때문에 송도국제도시로 주소지를 옮긴 것도 한 이유가 됐습니다. 셋집 큰길 건너에 성당이 있었습니다. 송도순교성인성당. 길모퉁이를 돌아 들어간 길 안쪽에 조용히 자리 잡고 있습니다. 고즈넉한 앞마당에는 순백의 마리아상이 있습니다. 그 모습이 참 곱고 아름답습니다. 처음 뵌 순간 저는 그만 사랑에 빠지고 말았습니다.

그 도시로 긴 건 느지막이 취직이 뇌어서였습니다. 고맙게도 그 지역의 국회의원께서 일할 기회를 주셨습니다. 처음엔 믿기지 않았습니다. 날고 기는 젊은이들도 많을 텐데, 저처럼 나이 든 사람을 쓰는 건 쉽지 않은 결정이었을 터, 그저 감사했고, 그 은혜를 갚기 위해 뭐라도 빨리 해야 했습니다. 종교는 새로운 이웃을 사귀며 낯선 지역에 빠르게 정착할 수 있는 수단 중 하나입니다.

그런 이유와 명분들이 절 성당으로 이끌었습니다. 순수하지만은 않은, 다분히 속물적이고 정치적인 결정이었지만 결과적으로 그것은 그 전까지 제 일생을 통해 가장 잘한 선택이었습니다. 사람이란 전혀 바뀌지 않는다는 제 믿음이 꼭 그렇지만은 않다는 쪽으로 입장이 바뀌었습니다. '확'까진 아니어도 '조금씩'은 변할 수도 있는 게 또 사람이었습니다.

세월은 참 무심하게 빠릅니다. 그게 엊그제 같은데 벌써 6년이 흘렀습니다. 짧다면 짧고 길다면 또 그럴 수 있는 그사이에 참 많은 일이 있었습니다. 그리스도인을 자처하는 처지에 이런 말 쓰면 혼날지 몰라도 제 타고난 팔자가 그리 순탄하거나 평범하지만은 않은 것 같습니다. 롤러코스터라도 탄 듯 오르막과 내리막이 숨 가쁘게 이어졌습니다.

천주교 교리수업 과정부터 그랬습니다. 코로나 사태를 겪으며 유례없이 긴 예비신자 수련기를 거쳤습니다. 그게 유난히 팔자 센 제 탓인 듯하여 동기생분들께 죄스러웠습니다. 그렇게 우여곡절 끝에 세례는 받았지만 안타깝게도 모시던 국회의원께서 재선에 실패하셨습니다. 패배의 상처를 안고 다시 부평으로 돌아와 부평1동 성당으로 교적을 옮겼습니다,

제 일상은 일간지 사회면처럼 매일매일 시끌벅적합니다. 크고 작은 사건 사고가 끊이지 않습니다. '이야깃거리 만들려 일부러?'하고 의심하는 분마저 있을 정도입니다. 그건 아닙니다. 그 많은 에피소드와 사

연들엔 약간의 연출이나 과장은 있을지언정 100% 사실에 기반합니다. 그걸 기록하고 모으다 보니 이리 쌓였습니다.

종교를 불문하고 신앙 깊은 분들은 성지순례를 떠납니다. 신의 흔적과 발자취를 따라가며 숭고한 정신을 되새기려 함입니다. 험하고 고통스러운 길도 마다하지 않습니다. 그 유명한 산티아고 순례는 물경 8백 Km에 이릅니다. 그 먼길을 30여 일 넘게 걷습니다. 그 길이 가장 성스럽고도 거룩한 여정으로 자리매김한 건 그래서인지도 모르겠습니다.

저는 매일 걷습니다. 중동의 고원도, 유럽의 시골길도 아닌 동네 공원이나 아파트 단지 등을 걷습니다. 걸으며 또 기도합니다. 거기에 옛 성당이나 신의 흔적 같은 게 있을 리 없습니다만 마음만은 순례자의 경건함으로 채워 걷습니다. 그렇게 한참을 걷다 보면 조금씩 몸이 가벼워지고 정신이 맑아집니다. 육신은 땀에 젖고 영혼은 충만함에 젖어듭니다.

같은 길을 걸어도 눈에 드는 풍경은 매일 다릅니다. 밤하늘의 별과 길가의 작은 꽃송이와 뺨을 스치는 바람결까지. 그 모든 것에 배인 당신의 손길을 느낍니다. 그 길에 '마음순례'라 이름 붙인 건 그 때문입니다. 이 길은 끝 간데없이 이어집니다. 한참을 길어왔지만 어디까지 이어질진 아무도 모릅니다. 길이 계속되는 한 제 순례도 멈추지 않을 것입니다. 두려움 없이 걷겠습니다.

블로그: https://blog.naver.com/soleil40

목차

제2부 - 말씀의 빛

제3부 - 그 길에서 만난 사람들

제4부 – 걷고 또 기도하며

제5부 – 내 안의 가시

제1부

세례, 그 거룩한 성사

인천 송도국제도시 〈순교성인성당〉 안미당의 미리이상.
2019년 7월 한창 뜨겁던 어느 여름날 처음 뵈었습니다.

길모퉁이 안의 성당

유례없는 더위의 서막을 알리는 초여름의 어느 오후, 여느 때처럼 점심 식사 후 산책에 나섭니다. 사무실에서 공원 가는 길 중간쯤에 성당이 있습니다. 거기에 그게 있다는 건 알았지만 평소엔 별생각 없이 지나곤 했습니다. 그런데 그날따라 그 안이 몹시 궁금해졌습니다. 그렇게 호기심이 동하면 반드시 풀어줘야 합니다. 성당 안으로 살그머니 들어섭니다.

큰길에서 꺾여 들어간 안마당은 고즈넉하고 평화롭습니다. 왼편에 순백의 성모 마리아상이 있습니다. 당신 모습이 익히 알고 있던 것과 많이 다릅니다. 갸름한 계란형 얼굴에 쌍꺼풀이 또렷합니다. 웨이브 진 긴 머리는 수수한 머리띠로 동여매시고 풍성한 플레어 치마를 입으셨습니다. 불경스러울지 몰라도 순정만화의 주인공을 닮으셨다는 생각이 들었습니다.

그즈음 어렵사리 취직이 됐습니다. 그 지역 민경욱 국회의원의 보좌관으로 임명됐습니다. 낼모레 환갑의 제겐 있을 수 없는 일이었습니다. 그런데 그게 현실이 된 겁니다. 저를 믿고 써 주신 의원님을 위해 뭐라도 해야 했습니다. 그럴 때 만난 성모님은 하나의 계시였습니

마음순례

다. 가톨릭 신자가 되겠다고 마음먹은 데에는 실상 그렇게 속물적이고 음흉한 속셈이 숨어있었습니다.

마음이 정해졌으면 바로 실행에 옮겨야 합니다. 주저할 것 없습니다. 건물 안 사무실을 찾아 들어갑니다. 문을 열고 들어서자 서늘한 에어컨의 한기가 먼저 반겨줍니다. 한 남성분이 자리를 지키고 계십니다. 생전 처음 보는 남자가 벌컥 문을 열고 들어오자 그는 조금 놀란 듯한 표정을 지으십니다. 보던 신문을 내려놓고 돋보기안경 너머로 날카로운 안광을 쏘십니다.

"무슨 일이시죠?" 말투도 예사롭지 않습니다. 경계심이 잔뜩 느껴집니다. '안녕하세요'나 '어서 오세요' 따위의 상냥한 인사말을 기대했는데, 의외였습니다. "네, 성당에 다녀 볼까 해서요." 그는 대답 대신 종이 한 장을 건넵니다. 예비신자 교리신청서입니다. 빈칸을 채워 써 넣으라는 것 같습니다. 제 발로 찾아온 고객(?)을 맞는 자세로는 어딘가 냉랭했습니다.

하지만 뭐 어떻습니까. 그냥 그런가 보다 했습니다. 부담스러운 호들갑보다 이렇게 적당한 불친절도 나쁘지 않다는 생각도 들었습니다. "9월 1일부터 교리공부 시작합니다. 9시에 3층 대성전에서 미사 보고 2층 교리실에 내려가서 한 시간씩 공부합니다. 그날 성전입구에서 교리 선생님들이 안내해 주실 겁니다. 문자는 보내드립니다."

대단히 사무적이고 건조한 말투였습니다. 특히 마지막의 '문자는 보내드린다'는 말씀이 참 인상적이었습니다. 어느 느와르 영화에서 '살려는 드린다'는 조폭 두목의 대사처럼 들려서였습니다. 그 생각에 나도 모르게 피식 웃음이 났다가, 그분의 형형한 눈빛이 따가워 황급히 거둡니다. 여러모로 어색하고도 인상 깊은 첫 대면이었습니다.

다시 햇살 속으로 나섰습니다. 그 길을 걸으며 하나만 다짐했습니다. 기왕 시작했으니 제대로 하자. 그러는 척만 하는 건 종교에 대한 모독입니다. 그런 건 사람들이 금방 눈치챕니다. 안 하느니만 못합니다. 제 딴에 세운 계획이 모두 망쳐질 수도 있습니다. 가장 진중하고 성실하게 임해야 할 일입니다. 제 모든 것, 근본부터 바꿔야 합니다.

마리아님의 고운 모습이 자꾸 어른거립니다. 여기 오기까지 참 많이 힘들었습니다. 지난 시간 동안 불행은 매복한 병사들처럼 삶의 고비마다 불쑥불쑥 나타나 괴롭히곤 했습니다. 심신은 온통 망가졌습니다. 다행히 이제 막 일자리를 얻어 한숨 놓을 때 운명처럼 당신을 만났습니다. 그분께는 그저 의지하고 기대도, 때로 응석을 부려도 괜찮을성싶습니다.

예전에 어디에선가 본 성경 구절이 떠올랐습니다. 시작과 끝에 관한 말씀이었습니다. 인터넷을 찾아보니 "시작은 보잘 것 없었지만 앞날은 크게 번창할 것(욥 8.7)"이란 구절입니다. 제발 그리되기를 희망합니다. 그분의 사랑과 축복으로 마침내 제 삶이 행복해졌으면 좋겠습니다. 아, 벌써부터 제가 너무 바라기만 하는 거 아닌가요. 그렇습니다, 제가 이런 인간입니다.

마음순례

야단법석 첫 미사

　첫 미사 날입니다. 어젯밤엔 통 잠을 이룰 수 없었습니다. 사람은 전에 경험해 보지 못한 것을 기다릴 때면 그렇게 묘한 흥분상태에 빠지곤 합니다. 호기심과 기대와 두려움 따위가 마구 뒤섞인, 말로 설명하기 어려운 기분입니다. 첫 소개팅 상대를 기다리던 다방 안에서 느꼈던 그 묘하게 싸하면서 괜히 긴장되고 설레는 그런 느낌 말입니다.

　성전 앞에서 교리 선생님을 만나 이름표를 달고 그 안으로 들어갑니다. 정면에 커다란 십자고상이 보입니다. 그 아래엔 자비한 표정의 마리아님상도 있습니다. 장내는 초만원입니다. 눈에 드는 모든 것이 낯섭니다. 제 가슴은 긴장감으로 터질 듯합니다. 저 위의 예수님부터 신자분들까지 모두 저만 보는 것 같습니다.

　미처 정신을 추스르기도 전에 미사는 시작됐습니다. 처음인 데다가 정신마저 그 모양이니 뭐가 제대로 될 리 없습니다. 미사는 신자들을 잠시도 가만히 두질 않습니다. 연신 일어섰다 앉았다, 무릎을 꿇었다 폈다, 성경을 읽다가 갑자기 성가를 불러야 합니다. 옆 사람 하는 걸 눈치껏 따라 하려니 저는 매번 반 박자씩 늦습니다.

　성전의 탁자는 좁습니다. 그 위에 성경과 성가집, 수첩과 볼펜까지 올려놨습니다. 보기에도 불안합니다. 아니나 다를까 미사 도중 볼펜이며 메모지 따위가, 심지어 성경책까지 둔탁한 소리를 내며 바닥에 떨어집니다. 하나를 주워 올리는 사이에 또 다른 게 곤두박질칩니다. 몸 개그가 따로 없습니다. 주위 분들께 죄송하고 무안해할수록 더 허둥댑니다.

그렇게 진땀으로 범벅이 되어가는 와중에 신부님께서 드디어 미사의 마지막을 알리셨습니다. "이제 미사가 끝났으니 가서 복음을 전합시다." 너무 반가워 하마터면 환호를 지를 뻔했습니다. 신자들도 같은 심정인 듯, '하느님 감사합니다!' 하는 목청이 한 옥타브 높습니다. 아, 그런데 그게 끝이 아니었습니다. 성가 한 곡, 기도문 하나를 더 올립니다.

그런 후에야 미사는 진짜 끝이 났습니다. 신자분들은 자리에서 일어서 환한 표정으로 서로 인사 나눕니다. 하지만 저는 일어설 수도, 고개를 들 수조차 없습니다. 한동안 머리를 푹 숙이고 자리에 앉아 있었습니다. 온몸의 진이 다 빠져나간 것 같습니다. 다른 분들께 너무 죄송합니다. 저는 명백한 미사 훼방꾼이었습니다. 예수님도 저 때문에 단단히 화가 나셨을 거 같았습니다.

집으로 돌아와서도 도통 정신이 돌아오지 않습니다. 신부님 강론을 들으며 뭘 쓰긴 잔뜩 썼는데 내용은 하나도 기억나지 않습니다. 수첩을 펼쳐 봅니다. 알 수 없는 암호문만 가득합니다. 그중 하나, '인정=부정'이라는 문구에서 문득 시선이 멈춥니다. 그 말씀이 강렬하게 귓전을 울렸던 기억이 퍼뜩 떠오릅니다.

정확하진 않지만 신부님께선 '하느님을 인정하세요. 그런데 그러려면 먼저 부정부터 해야 합니다' 그러셨던 것 같습니다. 그러니까 하느님의 존재와 그의 능력을 마음으로 받아들이려며 지금까지 우리가 믿어 온 모든 과학, 상식 따위를 부정하고 버리라는 말씀이었습니다. 이해가 될 듯 말 듯 했지만 수긍은 됐습니다.

종교도 공부도 다 그래야 하지 않나 싶습니다. 앞선 것들의 그림자는 편견을 낳고 선입견을 부릅니다. 새로 들어온 지식과 정보를 왜곡시키고 색안경 끼게 합니다. 의심하고 불신하게 만듭니다. 그리스도인이 되겠다는 마당에 하느님에 대한 세속적인 의문과 논쟁은 접어두는 게 맞을 터입니다. 신부님께선 그걸 강조해 말씀하신 것 같았습니다.

제 생애 첫 미사는 실수연발, 그만 엉망이 되고 말았습니다. 주위 분들께도 본의 아니게 피해를 드리고 말았습니다. 그런데도 예수님과 신부님은 그런 저를 용서하셨고 생각지도 않은 말씀 선물까지 안겨 주셨습니다. 우린 뭔가 통한다는 느낌을 받았습니다. 앞으로가 더 즐거울 거라는 예감이 강하게 머리를 스칩니다. '나이스.' 저는 오랜만에 제 자신을 칭찬합니다.

아버지의 이름으로

아버지께서는 은퇴하시고 일흔 넘어 세례를 받으셨습니다. 천주교회에 처음 나가실 때 아무에게도 그 사실을 알리지 않았습니다. 어느 날 갑자기 '세례받으니 성당 가자'고 하셨을 때 온 가족이 깜짝 놀란 기억은 지금도 생생합니다. 과연 아버지다우셨습니다. 그렇게 평소에도 말이 별로 없고 특히 약속을 함부로 하지 않는 분이었습니다.

그 세례미사엔 어머니와 제가 참석했습니다. 성당은 처음이었습니다. 미사가 뭔지도 몰랐습니다. 나중에 알았지만 세례를 받는다는 건 사람의 아들에서 하느님의 아들로 완전히 다시 태어나는, 일생일대의 대전환점과 같은 매우 각별한 의미가 있다고 합니다. 그날 엉겁결에 참석한 세례예식도 굉장히 엄숙하고 경건한 분위기였던 것으로 기억됩니다.

그날 아버지께서 받은 세례명은 '안드레아 꼬르시니'였습니다. 다른 분들의 세례명은 대개 네댓 자 정도였는데, 아버지의 세례명은 여덟 자나 됐습니다. 특이했습니다. 물론 어머니와 전 그가 누군지 전혀 몰랐습니다. 세례명은 당사자가 직접 고르는 것이라니 아버지가 그 이름을 선택하신 데는 분명한 이유가 있었을 터였습니다.

마음순례

그날 식사 자리에서 그걸 여쭈었습니다. 당신 대답이 걸작이었습니다. 영화 〈대부(원제 God Father)〉의 주인공 이름과 비슷해 고르셨다는 겁니다. 아버지가 그 영화의 광팬이신 건 진즉 알고 있었습니다. 1편부터 3편까지 비디오테이프를 소장하실 정도였습니다. 그건 그럴 수 있었지만, 그래도 마피아 가문의 성을 세례명으로까지 삼는 건 좀 그랬습니다.

게다가 영화 속 가문의 성은 '꼴레오네'입니다. 발음은 비슷하게 들려도 '꼬르시니'와는 완전히 다릅니다. 꼴레오네 가는 시칠리아, 꼬르시니 가는 본토의 플로렌스가 본거지입니다. 아버지께서는 그도 알았지만 그 많은 성인 중 그 이름이 눈에 번쩍 뜨여 그냥 두말않고 골랐다고 하셨습니다. 일종의 오마주었습니다. 어머니와 진 조용히 웃었습니다.

성인 안드레아 꼬르시니는 몹시 고약한 아이였답니다. 걸핏하면 싸움질을 벌이고 약한 자들을 괴롭히고. 그러다가 어머니께 감화를 받아 수도자가 됐고 그로부턴 누구보다 자기 자신에게 엄격한 사제가 되셨답니다. 주교가 되고 나서도 그는 거친 침소를 자청하며 가난하고 병든 자들을 위해 자신을 희생하고 헌신하셨다 합니다.

분쟁 조정 능력도 탁월하셨답니다. 볼로냐에서 내분이 일었을 때 교황은 그를 특사로 파견했고, 그가 동분서주한 끝에 도시는 곧 평화를 되찾았다고 합니다. 수도자로서의 모범적 자세와 세상의 평화를 위한 공적을 인정한 교황 우리바노스 8세는 그의 사후 200여 년이 지나 성인으로 추대하며 그 이름을 안드레아 꼬르시니로 정했다고 합니다.

그는 가히 경청과 공감의 상징이었습니다. 어머니의 간곡하면서도 따끔한 충고를 선선히 받아들여 사제가 됐고, 주교에 올라서도 가난하고 힘없는 이웃의 고통과 호소에 귀 기울였습니다. 분쟁 조정도 그것 없이는 도저히 할 수 없습니다. 첨예한 양측의 이야기를 충분히 듣고 이해해야 서로를 달래고 채워주는 방도를 찾을 수 있기 때문입니다.

예비신자 각자가 받을 세례명을 미리 알려달라 했습니다. 저는 처음부터 그 이름을 쓰기로 마음먹었습니다. 저와 축일은 달랐지만 의당 그래야 할 것 같았습니다. 아버지의 이름을 아들이 물려받아 쓰는 건 그에 대한 존경과 결코 당신을 잊지 않겠다는 의미도 담겨 있습니다. 나중에 성인에 대해 알고 나서는 그러길 잘했다는 확신이 들기도 했습니다.

아버지께서 일찍이 이를 예견하셨는지도 모릅니다. 아들이 그리스도인이 되어 자신의 세례명을 이어받을 거란 걸, 그래서 철딱서니 없는 당신의 아들이 성인의 진지한 태도와 깊은 신심까지 배우기를 바라셨을 수도 있습니다. 그 이름은 아버지께서 선사하신 또 하나의 유산이었습니다. 이자, 한자, 우자, 안드레아 꼬르시니, 당신이 참 그립습니다.

환난을 희망으로

　기어이 성전의 문이 굳게 잠겼습니다. 200여년 전 이 땅에 천주교가 전해진 이후 초유의 사태랍니다. 모질었던 종교박해도 심지어 전쟁의 포화마저도 멈추지 못했던 천주교 미사가, 눈에 보이지도 않는 미세한 바이러스의 침공엔 이리도 무력할 수밖에 없습니다. 전국 1천 7백여 본당이 마침내 미사중단을 신포한 것입니다.

　어느 정도 예견된 결과이긴 합니다. 모든 게 정상이 아니었습니다. 미사에 오시는 신자 수가 눈에 띄게 줄었습니다. 미사에 나온 분들도 개인적인 교류는 자제했습니다. 악수도 피하고 인사도 눈짓으로만 합니다. 사람들이 저마다 마스크를 쓰고 뚝뚝 떨어져 앉은 성전의 풍경은 마치 재난영화의 한 장면을 연상케 했습니다.

　교리수업도 그랬습니다. 지난 수업엔 전체 수강생 12명 중 4명만 나왔습니다. 예비신자들은 좁은 방 안에 여러 명이 함께 있는 것 자체를 부담스러워하는 듯했습니다. 수업이 제대로 진행될 리 없었고, 시간이 끝나면 인사도 없이 서둘러 헤어지기 바빴습니다.

　마침 지난 26일 '재의 수요일'을 기점으로 사순시기가 시작됐습니다. 예수님께서 부활하신 날까지 40일 동안 이어지는 참회의 기간,

예수님이 그러셨던 것처럼 회개와 명상과 기도와 함께 금식과 특별기도 등의 예식을 봉헌해야 하지만 지금은 모여 할 수 없습니다. 개별적으로 묵주기도를 드리고, 성경을 봉독하고 선행을 베풀 것을 교구는 권고합니다.

이 악독한 바이러스의 가장 큰 해악은 관계의 파괴입니다. 안 그래도 사람들이 점점 더 섬처럼 변해간다는 개인주의의 시대. 혼자 밥 먹고, 홀로 여행하는 게 하나도 어색하지 않은 풍경이 됐습니다. 지금까진 그 모든 게 자발적 선택이었지만 이젠 단지 병이 옮을까 두려워 그렇게 합니다. 이런 식으로 타인을 기피하게 된 건 끔찍하고 가혹한 형벌입니다.

그렇게 모두가 위기라고 걱정할 때 우리 본당 이병근 대건 안드레아 보좌신부님께서는 "미사는 계속될 것입니다. 단지 함께 드리는 미사가 잠시 중지되었을 뿐입니다. (중략) 어쩌면 우리는 이제야 주일을 주일답게 보내게 되었는지 모릅니다(http://omn.kr/1mpt2 참고)" 라 하셨습니다. '자신이 처한 현실을 마주하고 회개로 돌아서는 기회' 라고도 하셨습니다.

침묵과 고요, 쉼 속에서 하느님을 만나라는 말씀에서 신부님의 깊은 통찰력을 엿볼 수 있습니다. 그 말씀을 듣고 기도의 때나 장소, 형식 따위보다는 얼마나 간절하고 얼마나 신심을 다하느냐가 더 중요하지 않을까 감히 생각해 보게 됐습니다. 물론 저와 같은 그린이(어린이+그리스도인)에게는 더없이 어렵고 힘들지만 말입니다.

그나마 다행인 것은 타인과의 접촉을 자제하게 되면서 우린 관계에 대해 다시 생각해 보게 됐다는 점입니다. 사소하게 여겼던 것의 가치가 실은 얼마나 소중한 것인지 새삼 절감하게 했습니다. 특히 가족의 재발견은 그 의미가 각별합니다. 가족은 이 엄혹한 시기에 우리가 기댈 수 있는 최후의 보루였습니다. 우린 그걸 이제껏 간과해 왔던 것입니다.

흔한 말이지만 위기는 곧 기회입니다. 제아무리 무서운 역병일지라도 우릴 굴복시킬 순 없습니다. 우린 또 슬기롭게 이 상황을 극복해 낼 것입니다. 단지 이기는 것에 그치지 않고 사람과 사람 간 연대와 협력을 더 강하게 잇는 계기로 삼을 것입니다. 우리가 그걸 어떻게 받아들이고 대처하느냐에 따라 결과는 극적으로 갈라질 것입니다.

"그뿐만 아니라 우리는 환난도 자랑으로 여깁니다. 우리가 알고 있듯이, 환난은 인내를 자아내고 인내는 수양을, 수양은 희망을 자아냅니다(로마서 5.3~4)." 우리에겐 환난을 희망으로 바꾸는 슬기로운 DNA가 내재 되어 있습니다. 하느님께서 선사하신 소중한 선물입니다. 우리가 희망을 버리지 않는 한 이 고통의 끝은 머지않았습니다. 우리에겐 언제나 한 분뿐인 당신이 있으니까요.

사람은 변할까요?

교리수업 첫 과제가 주어졌습니다. '예수님 사랑 안에서 살아 본 소감문'입니다. 새롭게 신앙생활을 시작하면서 주님의 말씀을 실천해 본 경험이나 자신과 주변의 작은 변화 같은 걸 기록해 보라는 거였습니다. 이제 몇 달 되지도 않았는데 그런 게 있을 수 있을까? 걱정이 앞섭니다. 다른 분들도 다 같은 표정을 짓고 있습니다.

선생님은 "지금 당장은 아니어도 차분히 생각하면 분명히 한 가지 정도는 있을 겁니다"라며 격려하십니다. 집에 가면서도 온통 그 생각뿐입니다. 내가 뭐가 달라졌을까, 아니 사람이 변하기는 하나, 바로 그때 갑자기 뭔가가 제 차 앞으로 끼어듭니다. 화들짝 놀라며 브레이크를 밟습니다. 날렵하게 빠진 외제차가 유유히 앞서갑니다.

예전에 이런 상황을 맞닥뜨렸으면 흥분해 화를 내고 욕을 퍼부었을지도 모릅니다. 그런데 이번은 아니었습니다. 잠깐 욱했지만 금방 평정을 찾았습니다. 화낼 기미조차 없었습니다. 그냥 '쟤 뭐니?' 하고 말았습니다. 그러다 혹시 이게 변한 건가 싶었습니다. 병이다 싶을 만큼 화를 못 참는 그 못된 버릇이 사라진 건가, 싶었던 겁니다.

만약 그렇다면 이건 정말 놀라운 일이 아닐 수 없습니다. 다시 한번

마음순례

앞선 상황을 복기해 봅니다. 앞차 운전자의 난폭운전에도 저는 화를 내기는커녕 천만다행으로 사고는 피했다며 성호까지 그었습니다. 저라고는 믿기 어려운 행동입니다. 울근불근하는 성격 탓에 병원치료까지 고민했었는데 그때와 달라도 너무 달랐습니다.

사람이 변하느냐, 아니냐의 논쟁은 역사가 깊고 여전히 현재진행형입니다. 저는 늘 안 변한다에 한 표 던져 왔습니다. 일시적으로 변해 보일 수는 있어도 영원하진 않다고 믿었습니다. 그래서 평생 같은 실수를 반복하고, 같은 이유로 상처받고 괴로워하는 것이 인간이라 여겨 왔습니다. 저를 포함해 제가 아는 사람들은 대게가 다 그랬습니다.

지난주 미사 강론에서 우리 보좌신부님은 그렇지 않다고 단언하셨습니다. 사람은 충분히 변힐 수 있으며, 변해도 그냥 변하는 게 아니라 아예 다른 사람으로 새롭게 태어날 수 있다고 하셨습니다. 그것은 온전히 사랑의 힘으로 가능하다고 하셨습니다. 사랑하면 상대에게 한없이 미안하게 되고 끊임없이 용서를 구하게 되며 급기야 자신의 행위를 고치려 든다는 것입니다.

반석의 사도 바오로께서는 그런 사랑이야말로 영원불멸의 으뜸 가치라고 가르치셨습니다. 세상에 쓸모 있는 존재가 되려거든 누구든 자신 안에 사랑을 채워 넣기부터 하라고 강조하셨습니다(코린1 13 참조). 사랑이 쓸모없는 사람도 쓸모 있게 만든다는 것입니다. 사랑을 해야 불완전하던 존재가 온전하게 된다는 의미일 터입니다.

그렇다면 저는 사랑에 빠진 걸까요. 화를 누르고 욕을 참는 지금의 제 모습은 주님을 사랑하기 때문일까요. 진짜 그런 거라면, 이 예기치 않은 변화가 그저 한순간의 신기루 같은 게 아니라 영원한 것이라면 얼마나 좋을까요, 제발 그러기를 정말 간절히 기도했습니다.

집에 돌아오니 어머니께서 반겨 주십니다. 그런데 "머리가 많이 자랐네, 좀 깎지 그래" 하며 타박을 시작하십니다. 전 무심하게 "네" 하고 대답합니다. 씻고 나와 밥 차리는데 또 한마디 하십니다. "지금이라도 가서 깎고 오지 그래." 어머니는 뭐 하나에 꽂히시면 그렇게 집요해지십니다. 그걸 알면서도 제 목소리엔 짜증이 조금 섞입니다. "네, 알았다구요."

설거지하는데 어머닌 다시 주방까지 오셔서 "진작 깎지 그랬어" 하십니다. 저는 결국 손에 들렸던 밥그릇을 소리 나게 내려놓고, "내일 깎는다니까요" 하며 그만 언성을 높이고 맙니다. 제가 변했다? 하느님을 사랑새서 변했다? 천만의 말씀이었습니다. 저는 여전히 분노조절장애환자였습니다. 이젠 그 분노에 교만까지 얹은 셈입니다. 저는 아직 멀었습니다.

버려야 얻는 그것

　마침내 미사가 다시 열렸습니다. 코로나바이러스의 위력은 상상을 초월했습니다. 성당의 문을 닫아걸게 했을 뿐 아니라 나라 전체를 멈춰 세웠습니다. 그 와중에 잠시 찾아온 평화, 아직 안심할 단계는 아니었지만 교단은 무려 11주 만에 미사 재개의 결단을 내렸습니다. 고립의 공포에 떨던 사람들은 용기를 내 성당을 찾았습니다.

　오랜만에 만났어도 신자들은 크게 반가워하지도 못합니다. 저마다 마스크를 한껏 치켜 쓰고 눈인사로만 안부를 대신합니다. 주먹 인사마저 꺼립니다. 성전 안에서도 서로 멀찍이 떨어져 앉고, 미사도 반약식입니다. 성가는 일체 생략됐고, 신부님 강론도 평소보다 짧습니다. 30분도 채 되지 않아 미사는 끝났습니다.

　교리수업도 다시 시작됐습니다. 무려 12주만입니다. 4월 부활절 세례는 일찌감치 무산됐습니다. 일단 5월 31일로 미뤘습니다만 그 역시도 그저 희망 사항일 뿐, 사태는 또 어찌 될지 전혀 알 수 없습니다. 저와 동기분들은 애가 탔지만 다른 도리가 없습니다. 그저 이 저주와 같은 상황이 어서 끝나기를 기도할 수밖에.

　마침 그날 수업의 주제는 '기도'였습니다. 교리서는 "기도는 하느님께 우리가 필요한 것을 일방적으로 청원하는 것이 아니라, 하느님과 일치하려는 사랑의 대화입니다. 먼저 하느님의 말씀을 잘 듣고 실천하는 가운데 기도를 준비하고, 하느님의 뜻에 협력하려는 적극적인 자세가 필요합니다(한국천주교 예비신자 교리서, p173)"라고 기도를 정의합니다.

이 대목을 몇 번이고 되뇌어 읽었습니다. 그 말씀은 그동안 내가 갖고 있던 막연한 편견을 깨주었습니다. 그동안 저는 기도를 기도자의 일방적인 바람과 기대의 표현이라 생각했습니다. '돈 많이 벌게' 해달라, '취직시켜 달라'는 식의, 현실에서는 이루기 어려운 소원들을 막무가내로 신에게 갈구하는 것이 기도의 전부인 줄 알았습니다.

천주교도 크게 다르지 않아 보였습니다. 우리가 외우는 거의 모든 기도문에 그런 기복신앙적 구절들이 있어 보였습니다. 그런데 교리서는 그게 아니라는 점을 분명히 밝히고 있습니다. 제 바람을 말하기 전에 하느님의 말씀을 먼저 실천하려는 적극적인 노력이 전제되어야 한다고 못을 박습니다.

예수님께서 직접 가르쳐 주신 '주님의 기도'는 그 방법까지 소상히 알려 줍니다. "저희에게 잘못한 이를 저희가 용서하오니" 하는 대목이 그렇습니다. 상처를 주고, 아프게 했던 '그'를 먼저 용서해야 내 잘못을 용서해 달랄 수 있다는 것입니다. 주는 것 없이 제 것만 챙기려는 이기적인 기도를 하느님께선 들어 주시지 않는다는 말씀이기도 합니다.

예수님께선 한발 더 나아가십니다. 원수마저 사랑하고 우릴 박해한 자를 위해서도 기도하라고 하십니다(마태 5.44 참조). 말은 쉬울지 몰라도 그게 어디 그런가요. 웬만한 사람들은 엄두도 내지 못합니다. 하지만 예수님께선 그리해야 기도할 자격이 주어진다고 엄격히 선을 그으셨습니다. 기도는 그렇게 내주어야 받을 수 있는 거였습니다.

"기도는 하느님께 무엇을 청하기에 앞서 하느님의 뜻이 우리 안에서 이루어지기를 바라는 것(위와 같은 책, p171)." 코로나의 악몽이 속히 끝나기를 바라는 기도가 이어지고 있지만 이 몹쓸 바이러스는 꿈쩍도 하지 않습니다. 사태가 이 지경에 이르러서야 사람들은 이것이 인간의 교만에 대한 엄중한 경고라는 것을 깨닫고 있습니다.

그러니 우린 그것이 사라지길 기도하기보다 우리의 죄부터 반성하고 회개해야 합니다. 그것이 기도가 요구하는 '하느님의 뜻'일 것이기 때문입니다. 갖고 싶은 것 다 갖고 누릴 것 다 누리면서 뭐 하나 더 얻으려는 것은 탐욕에 지나지 않습니다. 버려야 얻습니다. 비운 만큼 받습니다. 기도마저 그렇습니다.

어느 절도범의 최후

누군가 세차게 흔들어 깨웁니다. 눈을 떠 보니 무섭게 부릅뜬 두 눈이 절 내려보고 있습니다. 엄마입니다. 너무 놀라 억 소리도 낼 수 없습니다. 당신은 아무 말 없이 손짓으로만 따라오라 하십니다. 그 모습이 서슬 퍼렇습니다. 잠도 덜 깬 데다가 아무 영문도 모르는 저는 그저 벌벌 떨기만 합니다.

초등학교 4, 5학년쯤 됐을 겁니다. 그땐 영등포 큰 집에 자주 놀러 갔습니다. 나이 차가 많은 사촌 누나가 있습니다. 누나 방에는 읽을 책도 많았고, 작은 전축과 레코드판(LP)도 있었습니다. 누나도 절 예뻐해 주셨습니다. 푹신한 침대에 누워 음악 들으며 책 읽는 게 그렇게 좋을 수 없었습니다. 그 핑계로 한 달에 한 번은 놀러 갔습니다.

그날 누나는 친구 만나러 나가고 큰어머니께서도 시장가셔서 저 혼자 집을 보고 있었습니다. 무슨 노랠 들을까 테이프를 고르다가 무언가가 문득 눈에 뜨였습니다. 동그란 금색 시계 알에 갈색 가죽끈이 달린 손목시계입니다. 순간 정신이 아득해졌습니다. 그게 그리 예뻐 보일 수 없었습니다. 저도 모르게 그걸 집어 들어 제 가방 속 깊이 숨겼습니다.

그런데 그게 지금 엄마 손에 들려 있습니다. 그제야 전 사태의 전모가 파악됐습니다. 누나는 저와 함께 시계가 사라졌다는 사실을 엄마에게 제보했고 당신은 제 가방을 불시 검문 검색하신 끝에 도난의 물증을 찾아내신 거였습니다. 엄마에겐 어떤 변명이나 핑계도 통하지 않습니다. 그걸 잘 아는 저는 바로 무릎 꿇고 죄를 인정하고 용서를 빌었습니다.

하지만 엄마는 단호하셨습니다. "가자. 내가 도둑놈을 키웠구나. 너 같은 아이는 감옥소 가서 고생 좀 해야 한다." 마침 우리 집에서 그리 멀지 않은 곳에 경찰서가 있었습니다. 일제 강점기 때 지어졌습니다. 그 안에 사형장까지 있고, 거기서 처형당한 사람들의 원혼이 지금까지도 그 주위에 머물며 떠돈답니다. 저는 그만 털썩 주저앉고 말았습니다.

필사적으로 치맛자락을 붙들고 늘어졌습니다. 그럴 때마다 엄마는 사정없이 등짝을 내려치셨습니다. 하나도 아픈 줄 몰랐습니다. 그보다는 경찰서 귀신들이 더 무서웠습니다. 그 난리 통에도 동생들은 깨지 않습니다. 아버지는 벌써 출근하셨습니다. 말리는 이도 없으니 서럽기까지 합니다. 그렇게 한참을 혼이 난 끝에 엄마는 한풀 꺾이시는 듯했습니다.

"더 긴 말 안 하겠다. 도둑질은 이 세상에서 가장 나쁜 짓이다. 오늘은 그냥 넘어가지만 앞으로 한 번만 더 이런 일 생기면 진짜 감옥소 보낼 테다. 그리 약속할 테냐?" 생각하고 자시고 할 것도 없었습니다. 다신 안 그러겠다고 수십 수백 번 맹세했습니다. 내 생애 첫 절도 행각은 그렇게 허무하게 막을 내렸습니다.

그 악몽 같은 범죄의 추억이 다시 떠오른 건 지난주 교리수업에서였습니다. 그날의 주제는 십계명. 하느님께서 인간에게 내리신 10개의 지엄한 명령입니다. 그 중 '절도'는 아주 중한 죄로 규정합니다. 두 번이나 하지 말라고 강조합니다. 제7계명과 10계명입니다. 도둑질은 물론 남의 것이라면 아예 탐하는 마음도 갖지 말라 하셨습니다.

그런 데에는 그만한 이유가 있을 터입니다. 저는 그게 너무 쉬워서, 별 죄책감도 없이 남녀노소 누구나 저지를 수 있어서 그런 것은 아닐까 생각했습니다. 당장 저만 봐도 그랬습니다. 그 어린 나이에도 시계가 눈에 드는 순간 아무 생각이 없이, 그게 죄가 되는 건지 아닌지도 모르고, 그저 갖고 싶다는 욕심에 집어 들고 도망쳤습니까.

절도의 유혹은 남녀노소를 가리지 않습니다. 그래서 어릴 때부터 그건 명백한 범죄라는 걸 단단히 가르쳐야 합니다. 우리 어머니처럼 말입니다. 그런데 요즘도 남의 돈 쉽게 아는 사람들 참 많습니다. 문제는 그들이 꼭 없는 사람들, 안 그래도 힘든 사람들만 노린다는 사실입니다. 참 못된 인간들, 그들에게 우리 엄마 등짝 스매싱을 먹여 주고 싶습니다.

세상 끝날까지

에베레스트에 오르는 것을 그저 '등산'이라 하진 않습니다. 약하고 밋밋합니다. '등반', '등정' 같은 말도 성에 차지 않습니다. 대신 우린 '도전'이란 단어를 씁니다. 아마존 정글에 가는 것도 여행이나 관광 간다고 하지 않습니다. 목숨까지 담보한 여정입니다. 재미 삼아 또는 휴양하러 가진 않습니다. 그럴 땐 '모험' 혹은 '탐험'이라 해야 격에 맞습니다.

도전이나 탐험은 용기를 전제로 합니다. 용기는 현실에 대한 강렬한 저항의 정신입니다. 그것을 감수하고 이겨 내겠다는 굳센 의지의 표현입니다. 무엇에도 굴하지 않는 씩씩하고 당당한 심성입니다. 그러나 두려움을 모른다는 말과는 다릅니다. 그건 어리석은 만용에 가깝지만 용기는 두려움을 인정하고 조심합니다. 겸손의 미덕입니다.

5월 마지막 주일은 성령강림대축일입니다. 신부님은 강론을 통해 이날의 의미를 자상하게 설명해 주셨습니다. "성령이 이 땅에 오시어 그리스도께서 계획하신 일이 마침내 완성된 날, 그로 인해 겁쟁이 사도들은 진정한 믿음과 용기를 갖게 되었으며 기꺼이 복음과 순교의 길로 나아갔습니다. 새로운 생명이 움트고 마침내 새로운 시대가 열렸습니다."

예수님의 사도들은 성령의 힘으로 용기를 얻어 전 세계, 모든 민족에게 복음을 전파하기 위해 길을 떠났습니다. 교회의 역사는 그렇게 시작됐습니다. 그리스도인들에게는 참 소중한 축일입니다. 평소 같으면 이날 신도들에게 일곱 가지 말씀의 은사가 적힌 성령칠은 카드 한 장씩을 선사했다고 합니다. 하지만 올해는 코로나로 그마저 생략됐습니다.

대신 극동방송국은 모바일 카드 애플리케이션을 만들어 배포했습니다. 교리 선생님께서 이를 입수해 우리 단톡방에 올려 주셨습니다. 저도 한 장 뽑아 봤습니다. 제겐 '용기'란 말씀 은사가 돌아왔습니다. "용기, 하느님을 열렬히 섬기며, 죄와 유혹에 용감히 싸울 수 있는 능력이며 순교까지 하면서 신앙을 증거 할 수 있는 은혜"라 쓰여 있었습니다.

눈으로 들어와 마음에 콕콕 박히는 말씀입니다. 지금 내게 가장 절실한 덕목이었습니다. 국회의원 선거에서 졌습니다. 제게 은혜를 베푸신 의원께서 재선에 실패하셨습니다. 도무지 믿을 수 없었으나 엄연한 현실이었습니다. 죄책감에 고통스럽고 막막하기만 합니다. 어디서부터 뭘 어떻게 할 것인지 감조차 잡히지 않습니다. 다시 용기를 내란 말씀이 확 와 닿은 것은 그래서였습니다.

사도들은 예수님의 사랑과 신임을 받았지만 자기 확신은 부족했던 것 같습니다. 가서 복음을 전하란 명령을 실천에 옮기지 못하고 주저주저할 뿐이었습니다. 부활하여 다시 찾아오신 성령을 직접 보고서야 그들은 믿음을 얻고 용기를 채웠습니다. 온 세상에 나아가 하느님의 말씀과 예수님의 부활을 전했습니다. 제게는 말씀 카드로 성령이 오신 셈입니다.

칠은카드는 또 이렇게 용기를 풉니다. "순교까지 하면서 신앙을 증거 할 수 있는 은혜. 유혹이나 장애물, 고통을 극복할 수 있는 힘." 용기는 곧 실천입니다. 머릿속이 아니라 몸으로, 생각이 아니라 행동으로 믿음을 행하는 것입니다. 움츠러들거나 주저하지 말아야 합니다. 순교는 그런 용기가 할 수 있는 최고 경지의 실천입니다.

선거패배의 충격이 컸다지만 당사자만 할까요. 다 열심히 하지 않은 제 탓입니다. 그렇다고 그냥 움츠러들고 숨으려고만 할 순 없습니다. 다시 용기를 내야 합니다. 주님으로부터 그렇게 용기의 은총까지 받았으니 이젠 뭐든 할 수 있을 것 같습니다. 칼 빼 들고 다시 세상으로 나아가겠습니다. 그게 무엇이든 맞서고 부딪쳐도 보겠습니다.

길 떠나는 제자들에게 예수님은 말씀하십니다. "그러므로 너희는 가서 모든 민족들을 제자로 삼아, 아버지와 아들과 성령의 이름으로 세례를 주고, 내가 너희에게 명령한 모든 것을 가르쳐 지키게 하여라. 보라, 내가 세상 끝날까지 언제나 너희와 함께 있겠다(마테 28.18-20)." 세상 끝날까지 함께하시겠답니다. 뭐가 더 필요할까요. 세상 두려울 게 또 뭐가 있겠습니까.

역사상 가장 긴 교리수업

한 번이라도 가 봤던 곳과 처음 가는 곳의 거리감은 천지 차이입니다. 같은 거리라도 초행길이 훨씬 멀게 느껴집니다. 처음 가는 길도 갈 때와 올 때는 또 다릅니다. 돌아 나오는 길이 훨씬 짧은 것 같습니다. 물론 같은 거리지만 사람의 심리가 그렇게 만듭니다. 일찍이 겪어 보지 못한 길은 하염없이 계속되는 것 같지만 아는 길은 어느새 끝나곤 합니다.

기다림도 그렇습니다. 약속된 기다림과 그렇지 못한 것과의 차이는 무척 큽니다. 언제 어디서 만나자는 기약도 없이 누군가를 기다릴 때 시간은 참 더디 흐릅니다. 1분이 1시간, 하루와 같습니다. 아예 시간이 멈춘 듯합니다. 그건 차라리 고문입니다. 가혹하고 고통스럽습니다. 그렇게 기다리다 바위가 된 전설은 전국 곳곳에 허다합니다.

경험해 본 적이 있는지, 그래서 예측이 가능한지 아닌지에 따라 심리적 거리감은 그렇게 달라집니다. 전혀 예측할 수 없는 상황에서 사람들은 초조하고 불안하고 조바심에 애가 탑니다. 허둥대고 안절부절 못하고 신경질적으로 변하기도 합니다. 그런다고 거리가 줄어들거나 기다림이 짧아지는 것도 아닌데, 사람들은 흔히들 그럽니다.

마음순례

세례성사가 또 미루어졌습니다. 벌써 세 번째입니다. 이번엔 기약도 없습니다. '당분간'이라는 단서는 붙였지만 그게 언제인지는 아무도 모릅니다. 시계 제로(0)의 상황, 불안이 곧 분노로 바뀔 태세입니다. 말은 하지 않아도 다른 동기분들 심정도 크게 다르지 않은 눈치입니다. 교리 선생님은 괜히 죄스런 표정이십니다. 아무도, 한 번도 겪어 보지 못한 미증유의 상황입니다.

다른 분들께 괜스레 죄송스러워졌습니다. 저 때문에 이리된 것 같아서입니다. 제가 하는 일이 다 그랬습니다. 뭐 하나 제 때에 제대로 되는 게 없었습니다. 특히 지난 10년은 심했습니다. 가히 '불운의 아이콘'이라 할 만했습니다. 하다하다 이젠 미사까지 중단되고 세례마저 자꾸 연기되고 있습니다. 이 불운이 모두 제 탓인 것 같기만 합니다.

다행히 미사는 다시 열렸습니다. 지난 주말 미사 두 번째 성경 말씀은 베드로였습니다. "사람들이 여러분을 두렵게 하여도 두려워 말고 무서워하지 마십시오. 다만 여러분의 마음속에 그리스도를 주님으로 거룩하게 모십시오. 여러분이 지닌 희망에 관하여 누가 물어도 대답할 수 있도록 언제나 준비해 두십시오(1베드 3. 14~15)."

그 말씀을 듣고 문득 제게 물었습니다. 정녕 그 무엇도 두렵지 않은가, 그리스도를 거룩하게 마음속에 모셨는가, 무엇이든 자신 있게 대답할 수 있는가. 아니었습니다. 자신 있게 '네' 할 수 있는 건 하나도 없었습니다. 가뜩이나 게으른 제게 코로나는 좋은 핑곗거리였습니다. 생각과 말과 행위로 죄를 많이 지으며 자주 의무를 소홀히 했습니다.

그러니까 반석의 사도께서는 그런 저를 아직 멀었다고, 준비는 하나도 돼 있지 않으면서 감히 세례부터 받겠다고 나선다며 호통을 치신 겁니다. 제 게으름과 교만과 거짓을 크게 꾸짖어 주신 것입니다. 저는 도대체 뭘 믿고 그랬는지 모르겠습니다. 그런 제 모습이 참 어이가 없습니다. 하마터면 또 '나이롱 신자'가 될 뻔했습니다.

달리 보면 우리 동기분들은 가장 길고 신중하며 말씀의 위기를 몸소 체험해 가며 교리 수업을 받는 중인지도 모릅니다. 우린 가장 신중하게 선택받은 사람들일 수도 있습니다. 만약 그게 맞다면 자부심을 가져도 좋지 않을까요. 이 나라 천주교 역사에 길이 남을 교리생으로 기록되지는 않을까요. 그게 아니라 해도 그리 생각하면 즐겁지 아니한가요.

길고 기약 없는 기다림에는 그런 각별한 의미가 담겨 있었습니다. 남의 눈엔 그저 불운으로 보이는 그것 역시 당신의 뜻이었음을 알겠습니다. 먼저 세례부터 받고 공부는 나중에 하자고도 했다던데, 전혀 그럴 필요가 없습니다. 더 길게 더 천천히 그러나 더 단단하게 준비하겠습니다. 한 줌의 미혹도, 한 치의 흔들림도 없도록.

백만 송이 장미

교리서의 막바지에 다다랐습니다. 대단원의 주제는 '영원한 삶'입니다. 그리스도적인 삶과 죽음을 다시금 되새겨 보는 대목입니다. 예수님의 부활과 영원한 생명 그리고 주님께서 내리시는 최후의 심판에 대한 이야기가 이어집니다. 우리들은 여느 때보다 경건한 마음으로 교리 선생님의 설명에 귀를 기울였습니다.

책에서 이야기하는 최후의 심판은 우리가 흔히 알고 있던 것과는 사뭇 달랐습니다. 노하신 하느님께서 이 세상과 사람들을 단죄하시는 것으로만 생각했습니다만 선을 행한 이는 영원한 생명을, 악을 저지른 자는 그에 따른 심판을 받는 과정이며, 그로서 하느님의 사랑이 죽음보다 강하다는 것을 드러내는 것이라고 교리서는 설명하고 있습니다.

책을 덮으며 교리 선생님께선 우리에게 이 성전에 처음 발을 들인 순간을 잊지 말라고 당부하셨습니다. 그리스도인으로 다시 태어나 자신이 해야 할 일에 대해 진지하게 고민할 것을 새삼 주문하셨습니다. 그리고는 가방 안에서 무언가 준비해 오신 것들을 꺼내셨습니다. CD와 그 플레이어입니다. 참 오랜만에 보는 낯익은 물건들이었습니다.

선생님은 플레이어 전원을 연결하고 CD 한 장을 넣으셨습니다. 아무 말 하지 않으시고 조용히 버튼을 누르셨습니다. 귀에 익은 전주가 끝나고 애절한 목소리가 이어집니다. "미워하는 미워하는 미워하는 마음없이/아낌없이 아낌없이 사랑을 주기만 할 때/백만 송이 백만 송이 백만 송이 꽃은 피고/그립고 아름다운 내 별나라로 갈 수 있다네."

심수봉의 '백만 송이 장미'입니다. 원래는 북유럽 어느 나라의 역사적 고난을 그린 노래라고 합니다. 심수봉은 그것을 달리 해석해 고귀한 사랑의 세레나데로 바꾸어 놓았습니다. 그녀의 애절한 음색과 창법이 더해져 원래부터 우리의 트로트였던 것처럼 들립니다. 잘 몰랐는데, 그런 자리에서 그렇게 들으니 노래가 참 새삼스러웠습니다.

그런데 선생님께서는 무슨 이유로 이 노래를 들려주시는 걸까, 모두 궁금해했습니다. 선생님은 노래의 두 군데를 특히 강조하셨습니다. '먼 옛날 어느 별에서 내가 세상에 나올 때/사랑을 주고 오라는 작은 음성 하나 들었지'라는 도입부와 '수많은 세월 흐른 뒤 자기의 생명까지 모두 다 준/빛처럼 홀연히 나타난 그런 사랑 나는 알았네'라는 2절 끝 대목입니다.

선생님은 말씀하셨습니다. "여러분이 그리스도의 품에 들겠다고 결심한 것은 무언가 얻기 위해서라기보다 내 사랑을 다 나누어 주라는, 하물며 자기의 생명까지 다 내주라는 고귀한 사명을 완수하기 위함일 것입니다." 사랑으로 희생하고 배려하는 신앙인의 태도를 강조하신 것입니다. 그 숭고한 정신이 심수봉의 노랫말에 고스란히 녹아 있었습니다.

선생님의 목소리는 가늘게 떨렸습니다. 우리도 마찬가지 심정이었습니다. 누군가 먼저 손수건을 꺼내 들었다면 순식간에 교실은 눈물바다가 됐을지도 모릅니다. 특히 제가 그랬습니다. 참기 어려울 지경이었습니다. 감동에 젖어 다시 노랫말의 의미를 되새겨 봅니다. 내가 이 세상에 태어난 이유와 예수님 발아래 무릎 꿇은 계기도 돌아봅니다.

솔직히 그런 마음은 없었습니다. 나 하나 챙기기에도 버거운 삶의 연속이었습니다. 남 생각은 할 겨를도, 그럴 필요성조차 느끼지 못했습니다. 그런데 선생님은 교리수업 내내 그걸 강조하셨고, 이렇게 막바지에 이르러 노래로 우리의 마음을 다져 주시기까지 한 것입니다. 그 마음과 의도를 이제야 알겠습니다. 그래 보겠습니다. 그렇게 살겠습니다.

6월 마지막 주 세례를 받게 됐습니다. 기쁘고 감격스러워야 하지만 여전히 걱정이 앞섭니다. 그럴 자격이나 있는지. 잘할 수 있는지. 그 노랠 들으니 더 그렇습니다. 그래도 피하진 않으렵니다. '백만'까진 아니더라도 제 능력껏 붉은 장미를 심겠습니다. 가장 경건하고 거룩한 마음으로. 공경란 아그네스 선생님께 다시 감사드립니다. 선생님을 위해 늘 기도하겠습니다.

내 생애 가장 거룩한 그날

세례예식이 성큼 다가왔습니다. 날이 정해지고 달력 볼 때마다 각오를 새로 하고, 이거 해야지 저거 해야 하면서도 말뿐이었습니다. 그 지독한 게으름 때문에 실천은 한없이 더뎠습니다. 그러다 막바지까지 왔습니다. 이제 그럴 여유가 없습니다. 할 수 있는 것부터 시작해야 합니다. 교리 선생님의 권유대로 장기기증서약부터 했습니다.

온라인 시대인지라 그리 어렵지 않았습니다. 홈페이지에 들어가 하라는 대로 차례대로 클릭하다 보니 금방 끝났습니다. 해 놓고 생각해 보니 제 장기 중 쓸 만한 게 있을까 싶었습니다. 이제껏 그렇게 혹사시켰는데 뭐 하나 멀쩡할 리 없었습니다. 내친김에 시신기증서약까지 했습니다. 태어나 처음으로 가치 있는 일을 했다는 뿌듯함이 들었습니다.

교리 선생님께선 죄지은 분을 찾아가 용서를 빌라고도 하셨습니다. 너무 많았습니다. 어느 분을 찾아뵐까 하다가 한 후배가 생각났습니다. 그는 어느 날 홀연히 사라졌었습니다. 그가 떠난 후에야 제가 그에게 큰 실수를 저질렀다는 걸 알게 됐습니다. 제 딴에는 농담으로 한 얘기에 그는 큰 충격을 받았다고 들었습니다.

수소문 끝에 연락이 닿았습니다. 제주도에 살고 있었습니다. 급히 찾아 내려갔습니다. 그는 아무 일도 없었던 듯 반가이 맞아 주었습니다. 저는 찾아온 이유를 더듬더듬 설명했고 그날의 실수와 그 이후의 무책임을 진심으로 사과하며 용서를 구했습니다. 후배는 거두절미 딱 한마디만 했습니다. "형, 농담이 사람을 죽일 수도 있겠더라구요."

머리털이 쭈뼛 서는 것 같았습니다. 그 정도인 줄은 정말 몰랐습니다. 달리 사이코패스가 아니었습니다. 지난 몇 년, 저는 그런 잘못을 저질렀는지조차 모르고 태평하게 지냈습니다. 제가 그리 사는 동안 후배는 그런 고통에 시달려야 했습니다. 그걸 늦게라도 알게 돼 천만다행입니다. 말은 백번을 조심해도 지나치지 않습니다.

그즈음 진행 중이던 소송이 마무리되면서 상대방으로부터 배상받을 게 있었습니다. 판결만큼은 아니지만 상대가 제시하는 조건대로 합의했습니다. 제 잘못만이 아니라는 게 밝혀진 것만으로 만족했습니다. 보잘것없지만 아이들 보호시설에 기부도 했습니다. 세례는 받는 것도 그렇지만 그렇게 준비하는 과정도 중요하고 가치가 있는 것 같았습니다.

마침내 세례성사 일이 됐습니다. 오랜만에 양복을 차려입었습니다. 미사는 여느 날과는 사뭇 달랐습니다. 서약은 더욱 비장했고 기도는 한층 엄숙했습니다. 먼저 신부님께서 목 앞과 뒷부분에 싱유를 발라 주셨습니다. 하느님 나라의 일원이 되었다는 상징입니다. 썩지 않고, 상처를 치유하는 기름처럼 오래도록 건강하게 신앙생활을 이어 가라는 의미를 담았다고 했습니다.

이마에 성수를 세 번 부어 주시며 축복해 주셨습니다. 얼음물이 아닌데도 온몸에 전율이 일었습니다. 죄 많은 영혼이라 그랬을 것입니다. 깨끗해진 이마에 다시 성유 십자가를 그어 주십니다. 하느님의 자녀라는 표시가 영혼에 새겨지는 의미라 했습니다. 그리고는 양어깨 위에 흰옷을 둘러주셨습니다. 죄가 없는 깨끗한 육신을 상징합니다.

저를 위해 함께 해주신 대부님께서 하느님의 빛을 밝힌 초를 전해 주셨습니다. 흰옷을 입고 비로소 그리스도인으로 거듭난 제가 세상의 빛으로 살아가기를 바라는 의미를 담고 있다고 했습니다. 태어나 처음으로 성체를 영했습니다. 예수님의 몸과 피를 상징하는 떡과 포도주입니다. 입안의 충만함이 온몸을 채웠습니다. 그것으로 저는 당신의 일부가 됐습니다.

어떻게 시간이 지났는지도 모르게 모든 의식이 끝났습니다. 지금부턴 모든 것이 오롯이 제 몫입니다. 지금까지와는 달라야 합니다. 많은 걸 포기하고 더 많은 걸 내주어야 합니다. 더이상 죄를 짓지 말고 주님의 모든 계명을 지켜야 합니다. 제 이마에 깊이 새겨진 십자가를 한시도 잊지 말아야 합니다. 그것을 위해 제 모든 힘과 노력을 다하겠습니다. 이제부터 시작입니다.

마음순례

아름다운 사람들

세례는 받았지만 교리 진도가 조금 남았습니다. 어제 그 보충수업이 있었습니다. 말 그대로 마지막 수업입니다. 같은 제목의 단편소설 속의 마지막 수업은 자못 엄숙하고 비장한 분위기였던 것으로 기억합니다만 우리는 그냥 평소와 비슷했습니다. 사람들이 한층 점잖아진 것도 같고 일종의 무게감이 느껴지기는 했습니다. 세례의 힘이었을 터입니다.

선생님께서는 학생들에게 이야기할 기회를 많이 주셨습니다. 주재원으로 미국에 살다 돌아오셨다는 분이 말문을 여셨습니다. "막 돌아왔을 때 식구들 겨울옷이며 이런저런 살림살이를 다 홈쇼핑으로 샀어요. 택배 아저씨들이 얼마나 고맙고 또 죄송한지. 그래서 아저씨 오시는 시간에 맞춰 음료수나 간단한 군것질거리를 놓아두곤 했습니다."

그 택배 기사님은 참 행복하셨을 것 같습니다. 그 일은 평소에도 그렇지만 코로나 시기엔 특히 사투나 다름없었을 터입니다. 감염위험을 무릅쓰고 택배를 기다리는 사람들을 위해 과감하게 고행의 길을 나선 분들입니다. 그런 대접 충분히 받을 만합니다. 그렇게 못한 제가 부끄러웠습니다. 앞으론 저도 그렇게 해야겠다고 마음먹었습니다.

유아교육에 종사하시는 원장님께서는 이런 말씀도 하십니다. "저는 학부모들께 '사회적 부모'의 개념을 강조합니다. 그저 내 아이만 생각하지 말고 다른 아이들에게도 관심과 사랑을 보이라는 겁니다. 가령 내 아이가 노는 놀이터에 부모가 보이지 않는 다른 아이가 있으면 그 아이까지 보살피는 식이죠. 부모들이 너무 이기적이면 아이들도 그걸 배우며 자라는 법입니다."

요즘도 저런 분이 계시는구나, 싶었습니다. 아무 데서나 제 아이들 멋대로 뛰어놀게 하는, 그런 게 아이들 기 펴 주는 줄 아는 철없는 부모들만 있는 줄 알았는데 그게 아니었습니다. 아이 하나 키우려면 온 마을이 나서야 한다는 속담이 있습니다. 아마도 그분이 말씀하신 사회적 부모도 그와 같은 맥락일 겁니다. 요즘 부모들이 새겨들어야 할 참 좋은 말씀이었습니다.

재난 지원금에 대한 얘기도 나왔습니다. 미국에서 돌아오셨다는 또 다른 분은 "저는 정부가 왜 그런 돈을 주는지 참 의아했어요. 미국 사회에선 있을 수 없는 일이거든요. 저와 생각과 처지가 비슷한 친구가 먼저 제게 그런 말을 해줬어요. 그 돈을 도저히 자기를 위해 쓸 수 없을 것 같다고요. 우리 부부 역시 같은 생각입니다."

저는 그게 입금됐다는 메시지를 받자마자 이게 웬 떡이냐며 며칠 사이에 흥청망청 탕진해 버렸습니다. 그런데 저보다 한참 어려 보이는 저 젊은 부부는 그렇게 깊이 생각과 고민을 거듭하시는 겁니다. 고개를 들 수 없었습니다. 부끄럽고 창피했습니다. 제가 이야기해야 할 차례가 됐지만 저는 입을 떼지 않았습니다. 아니 그러지 못했습니다.

우린 거의 1년 동안 함께 공부했습니다. 하지만 우린 그렇게 서로를 잘 몰랐습니다. 사적인 얘기는 한 적이 거의 없었습니다. 단톡방도 있었지만 쓸데없는 말씀들은 하지 않으셨습니다. 저만 괜히 철딱서니 없이 이러니저러니 떠들곤 했습니다. 그런데 알고 보니 이처럼 속이 깊고 진중하며 아름다운 분들이었습니다.

교리서의 마지막은 세상의 빛과 소금이 되라는 마태복음(5.13-16 참조)의 말씀이 장식합니다. 그분들은 이미 그렇게 사시는 분들 같았습니다. 저런 분들만 산다면 서로가 서로를 신뢰하고 위하며, 아끼고 배려하며, 사랑하고 희생하는 세상이 될 수 있을 것입니다. 정말 그럴 수만 있다면 시기, 질투, 증오, 전쟁 따위의 말은 사라지고 이 세상은 정말 살 만한 곳이 될 것입니다.

하느님의 사랑은 말로만 다 전할 수는 없습니다. 선교라는 것도 따로 없어 보입니다. 저분들처럼 제 자리에서, 각자의 삶에서 좋은 말씀과 엄격한 약속과 사랑의 가르침을 스스로 지키고 실천하면 주위 분들은 자연히 감화되지 않을까 싶습니다. 가톨릭 역사상 가장 긴 교리 수업을 받은 분들다웠습니다. 함께 해 영광이었습니다. 그 인연 소중하게 간직하겠습니다. 모두에게 주님의 은총을.

마리아님께 드리는 기도

위대하신 성모님, 자비하신 모후시여.

당신 인도하심에 이렇게 그 당신 발끝에 엎디었나니

상처받고 지친 영혼 너그러이 받아 주시고 품어 주옵소서.

길고 긴 세월, 먼 곳으로 떠돌며 헛된 꿈만 좇았습니다.

무엇을 찾는지도 모르면서

헛된 욕망에 사로잡혀 방황하던 날들

육신은 망가지고, 영혼은 찢겨 만신창이가 되고 말았습니다.

그 뜨겁던 날 제 발길을 돌려세우신 마리아여

당신이 저를 부르신

그 깊고도 넓은 뜻을 가슴에 새기겠습니다.

안드레아 꼬르시니

당신의 전구로 사제가 되고 추기경이 되고

세계 평화의 반석을 놓으신 분,

마음순례

가난한 자에 귀 기울이시고,

힘없는 자의 손을 굳게 잡아 주신 분.

높은 지위에 올랐어도 누추한 잠자리와

거친 음식을 자처하신 분.

살아서도 죽어서도 세상의 존경을 받는 분.

살아생전 주님을 섬기고 주님의 가르침에 충실했던

제 육의 아버지께서는

그를 그리스도인의 이름으로 받으셨습니다.

당신의 끝날까지 주어진 의무를 다하셨으며

모든 책임을 성실하게 이행하신 분,

이제 주님의 품으로 떠난 그를 대신해

제가 그 이름을 받겠나이다.

성인께 누가 되지 않게, 제 아버지 욕되지 않게

제 삶을 새로이 하겠나이다.

책임과 의무를 다하며

제게 주어진 소명을 마지막까지 지키겠나이다.

교만을 경계하면서도 우유부단하지 않게,

나태하지 않으면서도 집착하지 않도록

성실하게 인내하며, 멈추지 않고 소망하며,

주저않고 실천하겠습니다.

제게 남은 사랑과 시간, 제 어머니께 모두 드리겠습니다.
당신 편히 이 세상 떠나는 날까지
제가 그 곁을 지키겠습니다.

영원하시며 아름다우시며 가장 너그러우신 성모 마리아님
단호하시고 엄격하신 당신의 가르침을 가슴에 새기겠나이다.
제 영혼을 받아 주소서. 제 다짐을 기억해 주소서.
제가 그를 잊고 또다시 나태해진다면
가차 없이 회초리를 들어주소서.
그 매를 맞고 언제든 정신을 추스릴 수 있도록 하여 주소서.
제 간곡한 기도를 들어주소서.

아멘.

제2부

말씀의 빛

아버지의 유품. 일흔 넘어 세례받으신 아버지께서
평소 들고 다니시던 크로스백과 성경.

아버지의 유산

아버지께서는 2017년 2월 영면에 드셨습니다. 뇌경색 진단을 받고 입원하신지 7개월여 만이었습니다. 마지막 순간, 당신은 평온한 표정으로 저희를 한번 쓰윽 둘러보신 후 조용히 눈을 감으셨습니다. 10개월 후 동생이 아버지를 따라나셨습니다. 어머니는 연이은 충격을 이기지 못하시고 심장이 다 상하셨습니다. 가슴을 여는 큰 수술을 받으셔야 했습니다.

병약하신 팔순의 노모를 홀로 둘 수 없어 제가 보호자를 자처하며 본가로 들어왔습니다. 아버지의 방에 짐을 풀었습니다. 벽에 다 해진 크로스백 하나가 걸려 있었습니다. 그 안에는 가방 못잖게 낡은 성경책이 들어 있었습니다. 생전의 아버지께서는 그걸 어깨에 메고 매주 성당에 나가셨습니다. 입원 직전까지 아버지는 주일미사를 거르지 않으셨습니다.

성당에 다녀볼까, 했던 데에는 사실 그런 아버지의 영향이 컸습니다. 그때 같이 나갔어야 한다는 후회도 있었습니다. 기왕 그렇게 시작했으니 당연히 그 성경을 들고 가야겠다고 마음먹었습니다. 교리 공부할 때는 물론, 세례를 받고 나서도 그냥 습관처럼 그래왔습니다. 어

마음순례

쩌다 깜빡 잊고 성당에 가면 그리 허전할 수가 없었습니다.

그 성경책과 함께 있으면 마치 아버지와 둘이 함께 미사에 임하는 것 같은 생각이 들기도 합니다. 그 낡은 성경이 언제부턴가 아버지처럼 여겨지게 된 것입니다. 그런데 매번 두툼한 성경책을 들고 오는 제가 이상하게 보이는 분도 있었나 봅니다. 어느 주일미사에서 옆자리의 어느 남성분이 저를 대놓고 쳐다보셨습니다. 언짢은 표정이 역력했습니다.

혹시 아는 분일까, 곁눈으로 흘끔거리며 기억을 더듬어 보았지만 모르는 분이었습니다. 그분은 미사가 끝난 후 더 참지 않으시고 대뜸 물으셨습니다. "요즘 누가 성경책을 들고 미사에 와? 성호도 제대로 못 긋던데, 혹시 이상한 데서 온 사람 아니오?" 그러고 보니 신부님 강론 직전에 성경말씀 찾느라 작은 성호를 대강 그었던 게 기억났습니다.

그즈음 어느 이교도들의 그악스런 포교가 한창 사회문제가 되고 있고 있었습니다. 성당입구에 그들의 출입을 금지하는 경고문이 붙을 정도였습니다. 그분은 저를 그들 중 하나로 보신 게 틀림없었습니다. 다행히 그 옆에 계시던 다른 신자분이 얼른 그분을 달래며 모시고 나가셨습니다. 저는 도망치듯 성전을 빠져나왔습니다.

하마터면 사악한 사이비 종교의 포교꾼으로 몰릴뻔했습니다. 발단은 이이러니하게도 성경책이었습니다. 그분 말씀대로 누가 요즘 성경책 들고 다니시나요. '매일미사' 책자가 있고, 무엇보다 각자의 손안에 스마트 폰 하나씩이 다 들려 있는데 누가 그 무거운 걸. 그런 제 모습이 오히려 자연스럽지 않아 보인 건 일면 당연할 수도 있었습니다.

생각지도 못한 고민에 빠졌습니다. 오해받지 않으려면 성경책을 두고 다녀야 하는데 아무리 생각해도 그건 아니었습니다. 아버지께서 서운해하실 것도 같았습니다. 하느님 말씀이 당신의 성전 말고 어디에 있어야 한다는 건지. 고민은 깊었지만 길지는 않았습니다. 저는 그냥 하던 대로 하기로 했습니다.

그런 광고카피가 있었습니다. 시대가 바뀌어도 변하지 않는 가치. 성경이 바로 그렇지 않나요. 매일미사는 간편하고 디지털 성경은 편리하기도 하나 종이 성경 읽는 기쁨에는 비길 수 없습니다. 성경은 집 책꽂이가 아니라 우리들의 무릎 위에 있어야 더 어울리는 것 같습니다. 성경은 우리의 일부처럼 늘 들고 다녀야 한다는 말씀을 들은 적도 있습니다.

"한 처음에 말씀이 계셨다. 말씀은 하느님과 함께 계셨는데 말씀은 하느님이셨다(요한 1.1)." 말씀이 곧 하느님이신데 그걸 장식처럼 집에만 두는 건 옳지 않다고 생각합니다. 미사 다녀와 그날의 복음구절을 펼쳐 아버지 영정 앞에 놓아드리면 사진 속의 아버지는 슬며시 미소 지으시는 듯합니다. 그 순간이 너무 좋습니다. 그 때문에라도 저는 성경책을 포기할 수 없습니다.

가장 위대한 수, 40

숫자의 개념이 취약하던 시절, 유대인들에게 40은 '굉장히 많은 상태'이거나 '가장 완벽한 수'로 여겼다고 합니다. 유독 그 숫자가 성경에 많이 등장하는 이유입니다. 노하신 하느님께서 40일간 큰비를 내려 세상을 심판하셨고(창세 7.12 참조). 이집트를 탈출한 이스라엘의 자손들은 40년 동안 광야를 떠돌아야 했습니다(탈출 16.35 참조).

모세께서는 구름을 뚫고 시나이산에 올라 40일을 단식한 끝에 하느님으로부터 십계명을 받았습니다(탈출24.18 참조). 세례받으신 예수께서는 성령에 이끌려 광야에 나가시어 40일 동안 단식하시며 악마의 유혹을 물리치시고 다시 세상으로 나오셨습니다(루카4.1-13 등 참조).

예수님께서는 부활하신 후 40일 동안 하느님의 말씀을 전해 주신 후 다시 승천하셨습니다(사도1.3참조). 그를 기리며 우리는 사순절을 지닙니다. 부활 40일 전 재(Ash)의 수요일부터 성목요일 주님의 만찬 저녁 미사까지입니다. 기간 중 우린 경건한 마음으로 기도와 명상, 회개와 금식, 금욕의 계율을 지켜야합니다. 40은 그렇게 크고 거룩한 숫자입니다.

워낙 큰 숫자에 익숙해졌는지라 오늘날 우리들에게 그건 그다지 커 보이지 않습니다. 40일 정도는 그냥 어쩌다 보면 후딱 지나가는 짧은시간으로 여겨집니다. 하지만 실제론 그렇지 않습니다. 인간이 예수님이나 모세처럼 40일간 단식하는 건 불가능합니다. 같은 일을 40일 동안 계속 반복하는 것도 결코 쉽지않습니다. 시도해 본 사람은 잘 압니다.

사람들의 의지가 박약하고 무엇보다 천성이 나태해 그렇습니다. 매일 같은 일을 반복하는 건 지루하고 재미없습니다. 뭘 한다고 하는데 별 성과가 보이지 않으면 더 합니다. 쉬 포기하고 맙니다. 주변의 상황이나 환경의 영향도 큽니다. 뭘 하려는데 그걸 방해하는 훼방꾼은 널렸습니다. 어느 신부님께선 그래서 '매일 40일 동안 계속하면 습관이 된다'고도 하셨습니다.

지난해 봄, 모시던 국회의원께서 선거에 졌습니다. 말도 못 하게 상실감이 컸습니다. 제가 그러니 당사자 마음은 오죽할까요. 다 제 탓인 것 같아 죄송하기 그지없었습니다. 어쨌든 저는 다시 실업자가 됐습니다. 광야로 내쫓긴 저는 다시 일할 생각은 않고 엉뚱하게 나태의 늪으로 빠져들었습니다. 세상과 단절하고 하릴없이 술만 마시며 지냈습니다.

그러다 문득 제 꼴을 들여다보게 됐습니다. 그 사이 제 몸뚱이는 흉측하게 변해 있습니다. 그걸 보신 어머니 걱정이 깊으십니다. 더 그러면 안 될 것 같아 아침 운동이라도 하자고 마음먹었습니다. 기왕 하는 것 연속 40일의 약속을 지켜보기로 목표를 잡았습니다. 잠자리에서 일어나기 어려웠지만 일단 밖에 나오면 나머지는 그런대로 하곤 했습니다.

20일이 넘어가면서 조금씩 꾀가 나기 시작했습니다. 피로도 쌓였습니다. 하루는 5분, 다음 날은 10분씩 기상이 늦어졌습니다. 그렇게 정신이 늘어지니 몸은 천근만근 무거워질 수밖에 없었습니다. 때마침 발목까지 시큰거렸습니다. 우리 나이에 관절 다치면 큰일입니다. 좋은 핑곗거리까지 생겼습니다. 정확히 26일 되는 날 포기하고 말았습니다.

그 뒤로도 두어 차례 더 시도해 봤지만 끝내 40일을 다 채우진 못했습니다. 제일 길게 한 게 33일이었습니다. 채 열흘의 고비를 넘지 못한 것입니다. 악마의 유혹은 그렇게 집요하고 끈덕집니다. 40일이 얼마나 길고 어려운 시간인지만 절감했습니다. 숫자 40은 정말 거대한 숫자였습니다. 작고 또 적은 듯하나 참 벅차게 큰 숫자입니다.

물론 다 비겁한 변명입니다. 뭐가 잘 안 된다 싶으면 그렇게 핑곗거리부터 찾습니다. "나에게 힘을 주시는 분 안에서 나는 모든 것을 할 수 있습니다(필리 4.13)." 그렇게 힘을 주시겠다는 분의 눈을 피해 다니며 꾀만 부리다 이리된 것입니다. 의지도 그랬지만 무엇보다 믿음이 약해 그런 거였습니다. 그분 안에서는 40도 400도 결코 큰 숫자가 아닙니다.

참교육과 산교육

한때 참교육, 산교육이라는 말이 유행했습니다. 말 그대로 참된 진리를 머릿속 깊이 새겨 주는 교육, 그 교훈을 생생하게 살아 있는 증거로 가르치는 교육을 의미합니다. 그걸 약간 희화화한 개념이긴 합니다. 예를 들어 격투기 게임 같은 데에서 예의 없이 도발하는 선수를 철저히 응징하는 따위에 그 말을 쓰곤 합니다.

예수님은 스스로를 '사람의 아들'이라고 하셨습니다(마태 8.20 등). 동정녀 마리아께 잉태되어 사람의 형상으로 세상에 오셨으니 그러하시며, 그들과 함께 이 세상을 사셨으니 또한 그렇습니다. 참으로 존귀하며 우러러야 할 분이 분명하지만, 인간의 모습이기에 우리에겐 당신이 친근하게 느껴집니다. 언제든 만날 수 있는 이웃이나 친구처럼 말입니다.

예수님께서는 실제로 여느 인간과 같이 행동하셨습니다. 성경에서는 그런 구절을 어렵지 않게 찾아볼 수 있습니다. 슬픔에 젖어 눈물 흘리시거나(요한 11.33-35 등 참조). 배고픔이나 갈증을 호소하셨습니다(마태 25.35 등 참조). 심지어 스스로를 세례자 요한보다도 금욕적이지 못하다고 비교 고백(마태 11.19 참조)까지 하십니다.

때로는 화도 내셨습니다. 4대 복음에 공동으로 등장하는 "성전청결 사건"은 그 대표적인 예입니다(마태 21.12-13, 마르 11.15-19, 루카 19.45-48, 요한 2.13-22 참조). 요한복음은 특히 대노(大怒)하신 예수님을 상세히 묘사하고 있습니다. 파스카 축일이 임박한 때에 제자들과 함께 성전을 찾은 어느 날의 일이었습니다.

가장 성스러워야 할 공간인 성전은 장사치들의 차지가 됐습니다. 그들은 그야말로 성전을 난장판으로 만들어 놓았습니다. 이를 본 예수님께서는 채찍을 들어 장사꾼들과 소와 양을 내쫓으셨습니다. 환전상들의 탁자를 들어 엎으시고 비둘기 파는 자들에게 "내 아버지의 집을 장사하는 집으로 만들지 마라"며 호통치셨습니다. 심지어 성전을 허물라고까지 히셨습니다.

분노한 예수님을 보고 장사꾼들은 물론 주변에 있던 유다인들과 심지어 제자들까지 깜짝 놀랐습니다. 사랑의 힘을 유독 강조하시며 오른뺨을 맞으면 다른 뺨도 내주라(마태 5.39 참조)시고 심지어 원수까지 사랑(마태 5. 44 참조)하라고 가르치신 분입니다. 그런 말씀을 하신 분과 그리도 화를 내시는 분이 같은 분이라고는 도저히 믿어지지 않았을 터입니다.

예수님께서 왜 그러셨을까, 뭔가 의도가 있었던 건 아닐까 나름 생각해 봤습니다. 우선은 장사치뿐만 아니라 유다인들과 어디선가에서 지켜보고 있을 사제들을 향한 준엄한 메시지를 주기 위해 의도된 연출은 아닐까 싶었습니다. 곧 하느님의 아드님임을 공식적으로 선포하고 그것을 만천하에 분명하게 인식시켜 주기 위한 '참교육'이었다는 것입니다.

그 현장에 함께 있던 제자들에게도 그 장면은 충격이었을 터입니다. 그들은 예수님의 그 같은 행동에 깜짝 놀라면서도 그 성전을 앞으로 어떻게 대하고 관리해야 하는지를 철저히 깨달았을 터입니다. 그 교훈은 당분간, 아니 영원히 잊지 못할 수도 있습니다. 그건 '산교육'의 전형이라 할 수 있습니다. 매우 효율적인 교육방식입니다.

그 구절을 읽으며 문득 옛 기억이 떠올랐습니다. 햇병아리 강사 시절 한 학생의 기습적이고도 도발적인 질문을 받고 그야말로 '멘붕'에 빠진 경험이었습니다. 그때 전 아무 대꾸도 못 하고 넋 놓고 칠판만 봤습니다. 그 생각만 하면 자다가도 부끄러워져 이불을 걷어찹니다. 전공지식도 부족하고 공부도 하지 않았고 무엇보다 자신감이 없어 그랬습니다.

그런 면에서 예수님이야말로 가장 높은 경지의 프로 강사가 분명합니다. 화려한 액션과 강렬한 멘트로 유다인과 사제들과 제자들을 상대로 시전하신 '참교육'과 '산교육'을 시전하신 분입니다. 확신과 자신감이 없으면 도저히 할 수 없는 차원 높은 교육 방식입니다. 요즘 잘 나간다는 일타강사들도 예수님을 모셔 그 교수법을 배워야 마땅합니다.

환대의 기원

어머니를 모시고 병원에 다녀왔습니다. 3년 전 받으신 심장수술 후의 정기검사 날이었습니다. 갈 때마다 느끼지만 세상에 아픈 분들 정말 많습니다. 유명한 종합병원이라 그런지 지방에서도 많이 오시는 것 같았습니다. 정치인이나 연예인처럼 유명하신 분들도 여럿 봤습니다. 그럴 때마다 남몰래 기도합니다. 나는 제발 아프지 않기를.

진료실 앞에서 순서를 기다리고 있었습니다. 환자와 보호자들이 길게 앉아 있는데, 중간쯤 있던 한 여성분이 갑자기 큰소리로 한소리 하십니다. "옛날 같으면 벌써 관 속에 들어가 있을 것들이. 시절이 좋다." 의술의 발달로 심장병 환자들도 전보다 오래 살게 됐다는 말씀 같은데 듣기에 따라서는 상당히 거북살스러운 말씀이었습니다.

오래도록 심장병을 앓으시는 분 같았습니다. 60 후반쯤 되어 보이는 나이에 깡마른 체구, 핏기 없는 얼굴이 척 보기에도 날카로운 인상이었습니다. 그녀의 저주 같은 한마디에 좌중은 일순 얼어붙은 듯 조용해졌습니다. 아무도 그녀의 말을 반박하지 않았습니다. 간호사님들도 못 본 척합니다. 이미 여러 차례 같은 전력이 있으신 것도 같았습니다.

가만히 어머니 눈치를 살피니 당신께선 한쪽 눈을 찡긋해 보이십니다. 그냥 가만히 참으라는 표시 같았습니다. 제가 그분 말을 듣고 또 인상이 변한 모양이었습니다. 그러지 않으셔도 그런 분께는 함부로 대꾸하거나 대응하지 말아야 합니다. 무엇보다 그는 아픈 환자이기 때문입니다. 저도 그 정도는 안다고 눈 신호를 보냅니다.

예수님께서는 죄지은 형제를 상대하는 방법을 단계별로 일러 주셨습니다. 처음엔 단둘이 앉아 타이르는 것입니다. 들으면 다행이지만 그렇지 않으면 둘이나 셋의 증인과 함께 얘기합니다. 그래도 듣지 않거든 교회에도 데려가 보고, 그래도 통하지 않으면 그를 '세리'나 '다른 민족 사람'처럼 대하라고 하십니다(마태 18.15-17 참조).

다 이해가 됐는데 '세리'나 '다른 민족'에서 아리송해집니다. 그 둘은 누굴 의미하는 걸까요. 그렇게 둘을 묶으신 이유가 따로 있을까요. 세리는 오늘날의 세무공무원이지만 당시 사람들에게는 그저 점령군의 앞잡이였죠. 다른 민족 사람이란 말 그대로 외국인, 말도 통하지 않고 문화도 서로 다른 사람을 의미합니다. 그 둘의 공통점은 없어 보입니다.

그런데 마태복음에 보면 예수님께서 세리를 어떻게 보시는가를 짐작할 수 있는 대목이 나옵니다. 바로 직전까지 세리였던 마태오를 제자로 받아들이시고 그들과 함께 식사하시면서 "튼튼한 이들에게는 의사가 필요하지 않으나 병든 이들에게는 필요하다(마태 9.9-13 참조)"고 하시는 대목입니다. 그 말씀은 세리나 죄인을 병든 이, 즉 '환자'로 여기셨던 것 같습니다.

결국은 '세리나 다른 민족 사람'이란 환자나 외국인 대하듯 하란 말씀 같습니다. 그 둘 다 딱한 처지의 사람들입니다. 하나는 몸이 아프고 하나는 말이 통하지 않습니다. 그런 이들에겐 그저 원하는 것은 그냥 다 들어주고, 그가 하고 싶은 대로 두는 게 상책입니다. 오늘날의 '환대정신'은 그런 마음에서 비롯됐습니다.

'환대'를 뜻하는 호스피탈러티(hospitality)는 순례객들의 숙소인 호스피탈레(hospitale)에서 비롯된 말입니다. 오늘날 병원(hospital)이나 호텔(hotel)로 의미를 확장해 쓰이고 있습니다. 아프거나, 당장 잘 곳이 없는 사람들에게 필요한 것들을 제공하는 것이 환대 정신의 기본입니다. 손님을 친절하게 맞고 정성을 다해 보살피는 자세나 정신을 의미합니다.

예수님께선 말이 안 통한다고 포기하고 버리지 말고 그저 따뜻하게 보듬고 달래주어야 한다고 말씀하신 것입니다. 소리치던 저 여인도 그렇습니다. 그는 평생을 병마와 싸워 왔습니다. 어떤 위로도 그를 달랠 수 없습니다. 그저 따뜻하게 손을 잡아 주는 게 마땅합니다. 그의 차갑게 식은 마음부터 녹여줘야 합니다. 그게 예수님께서 일러주신 진정한 환대정신입니다.

나 홀로 캠핑

　회사에서 남은 연차를 쓰라는 지시가 떨어졌습니다. '나 홀로 캠핑'을 떠나기로 했습니다. 여기저기 검색하다가 '송지호'라는 이름에서 눈길이 멈춥니다. 강원도 고성에 있는 호수로 그 맞은편엔 같은 이름의 해수욕장도 있습니다. 속초에서 한참 올라가야 해 관광객이 붐비지 않고, 그래서 상대적으로 자연환경이 잘 보존된 명승지라고 소개하고 있습니다.

　그곳은 살아생전 아버지와 어머니 동생들이 서너 번쯤 다녀왔던 곳입니다. 그때마다 저만 공부 핑계로 빠졌습니다. 중 2, 한창 혼자 있는 시간이 필요했던 질풍노도의 시기였습니다. 다른 식구들은 가끔 그 이야기를 했습니다. 저만 뺀 우리 가족의 즐겁고 행복한 추억이 깃들어 있는 곳입니다. 불현듯 그곳이 궁금해졌습니다. 그래서 떠났습니다. 훌쩍.

　송지호수는 아름다웠습니다. 잔잔한 물결 위에 또 하나의 산과, 또 한 그루의 나무, 또 한 송이의 꽃이 평화로이 떠 있습니다. 반면 그 맞은편 바다는 거칩니다. 한 무리의 파도가 뭍을 향해 거침없이 질주하다 모래톱 언저리에서 하얀 포말을 토해내며 부서져 내립니다. 해

　　　　　　　　　　　　　　　마음순례

변 소나무 그늘에 의자를 펼쳐 놓고 앉아 아무 생각 없이 바다만 바라봅니다.

밤은 더 아름답습니다. 새카만 하늘엔 수많은 별들이 반짝입니다. 북두칠성, 카시오페이아 같은 별자리도 선명합니다. 밤바다에 비춘 달빛은 일렁이는 너울을 타고 물고기 비늘처럼 반짝입니다. 먼바다에선 어부들이 훤히 불을 밝힌 채 부지런히 고기를 낚고 있습니다. 저 풍경과 소리와 냄새를 가슴 가득 채웁니다.

침낭 안에 누웠지만 잠은 쉬 오지 않습니다. 무엇보다 추웠고 그보다는 설레서 그랬습니다. 그런 심정 실로 오랜만입니다. 뒤척이다 새벽녘에야 잠이 들었습니다. 짧지만 정말 달게 잤습니다. 모닝커피 마시며 여유 있게 해돋이를 보고 6시쯤 출발하려 했는데, 그 시간이 되어서야 눈을 떴습니다. 모든 계획이 다 틀어져 버렸습니다.

서둘러 일어나 바로 출발하려는데 아뿔싸 열쇠를 차 안에 둔 채 문을 잠겼습니다. 긴급 출동 서비스를 불렀습니다. 기사분은 금방 오셨지만 디지털 키는 작업이 쉽지 않습니다. 여기저기 전화해 도움을 청하고 마침내 다른 지원군까지 와 힘을 합치고 나서야 겨우 문이 열렸습니다. 거의 1시간을 허비했습니다. 시계를 보니 아침 7시 30분입니다.

11시에 성경통독 모임이 있습니다. 빠지고 싶지 않았습니다. 시간상으론 가능해도 도로 사정이라는 게 한 치 앞도 예측 못 합니다. 그래도 일단 출발해 보기로 합니다. 고속도로에 진입했는데 걱정과 달리 하나도 막히지 않습니다. 하행선과는 대조적입니다. 휴게소에도 들르지 않고 계속 달렸습니다. 성당에 도착하니 10시 40분, 강원도에서 출발한 제가 1등 출석입니다.

성경통독을 무사히 마치고 집에 돌아오면서 긴박(?)했던 오늘 아침을 복기해 봅니다. 평소엔 그러지 않던 자동차가 제풀에 잠겼습니다. 수리기사님이 두 분이나 와서야 문이 열렸습니다. 고속도로는 하나도 막히지 않았습니다. 성경봉독반 출석도 지켰습니다. '큰일 났네, 큰일 났어' 했지만 큰일은커녕 작은 일도 없었습니다. 모든 게 완벽했습니다.

예수님께서는 사랑하시던 나자로가 병을 앓는다는 소식을 듣고도 바로 그를 찾아가지는 않으셨습니다. 서두르지 않고 그가 죽은 지 나흘이 지나 그의 무덤을 찾으셨지만 죽은 그를 다시 살리셨습니다. 그의 동생 마리아 자매는 물론 제자들과 온 유다 사람들이 예수님께서 보이신 '하느님의 영광' 앞에 머리를 조아렸습니다(요한 11장 참조).

그게 그리된 데는 다 그만한 이유가 있습니다. 그저 믿고 기다리면 다 풀리게 돼 있습니다. 안 되는 무엇을 억지로 해서도 안 되고 설사 그렇게 해서 뭐가 됐다고 해도 곧 탈 나기 일쑤입니다. 서두르지 말고, 조금의 의심도 없이 기다려야 합니다. 그저 당신을 믿고 기다리면 됩니다(루카 5.27 참조). 그렇게 저렇게 참 행복한 토요일 아침이었습니다.

어제와 다른 오늘

　해가 눈에 띄게 길어졌습니다. 지난주만 해도 출근길이 어두컴컴했는데, 오늘 보니 동녘 하늘이 벌겋게 물들었습니다. 굳이 유명 관광지가 아니더라도 해 뜨는 광경은 어디서든 장관입니다. 거대하고 붉은 덩어리가 거침없이 하늘로 치고 오르며 어둠의 장막을 걷어 내면 세상은 순식간에 빛의 천지가 됩니다. 만물이 깨어나 기지개 켜며 환호합니다.

　하느님께서도 그런 빛의 세상을 좋아하셨습니다(창세 1.2-5. 참조). 빛은 사물을 뚜렷이 볼 수 있게 하고 서로의 존재를 구별하게 합니다. 명징하고 한 치의 의심도 없게 합니다. 그 안에서는 악한 마음을 품을 수 없습니다. 세상의 모든 눈이 지켜보고 있기 때문입니다. 빛은 따뜻하게 사람을 품어 줍니다. 우리 마음을 평화롭게 하는 힘이 있습니다.

　태초의 세상은 어둠이었으나 하느님께서는 그게 싫으셨습니다. 어둠은 음험합니다. 사람의 눈을 가려 분간할 수 없게 합니다. 그 속에서 사람들은 두려움에 떨고 한없이 나약해집니다. 악마의 유혹이 들끓습니다. 곧잘 나쁜 생각에 빠지기도 합니다. 어둠은 그렇게 세상을 죄의 온상으로 만듭니다. 그 뒤에 숨어 우린 해선 안 될 짓을 곧잘 저지릅니다.

어둠의 마력을 잘 압니다. 몇 년 전 잇단 불행을 겪으며 참 힘든 나날을 보내던 시절이었습니다. 제대로 잠을 잘 수 없었고 억지로 들었다가도 몇 번씩 깨곤 했습니다. 그렇게 중간에 깨어 덩그러니 어둠 속에 홀로 있으면 처음엔 참 무섭습니다. 그러다 그것에 익숙해지면 어리석게도 이 어둠이 계속되기를, 영원히 태양이 뜨지 않기를 바라곤 했습니다.

하지만 사람들은 어둠 속에서도 다시 태양이 뜰 것이라는 희망을 품습니다. 영화 〈바람과 함께 사라지다〉의 주인공 스칼렛 오하라도 그랬습니다. 여성의 몸으로 온갖 고난과 비극을 겪으면서도 그녀는 마지막까지 '내일은 내일의 해가 뜬다'라고 독백합니다. 어김없이 뜬 오늘의 태양을 바라보는 그녀의 뒷모습은 산처럼 거대했습니다.

내일의 해라고 오늘과 다를 리 없습니다. 하늘의 태양은 하나뿐이니 그렇습니다. 언제건 어디서건 우리가 보는 태양은 다 같습니다. 그런데도 굳이 내일의 태양이라고 표현한 건 그것이 품고 있는 의미와 서사의 차이일 것입니다. 우리가 산 어제와, 사는 오늘과, 살아야 할 내일은 같은 듯 전혀 다른 시간입니다. 우린 매일 다시 떠오르는 태양을 보며 새 희망을 품습니다.

예수님께서도 "그러므로 내일을 걱정하지 마라. 내일 걱정은 내일이 할 것이다. 그날 고생은 그날로 충분하다(마태 6,34)."라 하셨습니다. 지레 걱정할 것도 없고, 성급히 두려워하지도 말아야합니다. 예수님 말씀처럼 하늘에 계신 아버지께서는 우리가 필요로 하는 모든 것

마음순례

을 알고 계십니다. 오늘 잘 안 된 일이 내일은 이루어질지도 모릅니다 (마태6.32-33 침조).

어제와 다름없어 보이는 오늘이지만 둘은 다릅니다. 얼핏비슷해 보여도 속은 완전히 다릅니다. 만나는 사람도, 만나서 하는 얘기도, 하는 일도. 내일은 오늘과 또 다릅니다. 같은 날만 반복된다면 희망 같은 건 있을 수 없습니다. 다 다릅니다. 그러므로 우린 희망을 버리지 말아야 합니다.

한동안 어둠에 묻혀 그것에 영원히 갇혀 있기를 바랐지만 지금은 아닙니다. 빛을 좋아하시는 하느님처럼 저도 이젠 저 찬란한 빛이 좋습니다. 더 이상 빛이, 새 아침이 두렵지 않습니다. 오히려 하루에 대한 기대로 기쁘게 그 순간을 맞습니다. 지금도 그렇습니다. 걸으며 기도하며 맞는 신새벽의 햇살이 더 없이 따뜻하게 느껴집니다.

마테오는 거룩하게 변모하신 예수님의 얼굴이 태양처럼 빛났다고 묘사했습니다. 저도 저 힘차게 떠오르는 아침 태양에서 부활하시는 예수님을 뵙니다. 당신께서 인도하시는 빛의 길을 가겠습니다. 그 길을 벗어나지 않겠습니다. 한 치의 의심도 하지 않겠습니다. 당신이 늘 거기에 계심을, 당신께서 줄곧 그곳으로 이끄심을 믿겠습니다.

교만의 끝

뜨거운 불덩이를 삼킨 줄 알았습니다. 타는 듯 갈증이 입니다. 간신히 눈은 떴지만 좀처럼 몸을 움직일 수 없습니다. 손가락 하나 까딱하기도 버겁습니다. 온몸이 땀에 젖었습니다. 그러면서도 몸은 바들바들 떨고 있습니다. 정신이 혼미하고 시야마저 흐릿합니다. 저 발치에선 누군가 날 노려보고 있는 듯 헛것까지 보입니다.

물을 마시고 싶은데 그도 쉽지 않습니다. 코와 입천장 사이에 큼직한 벽돌 한 개가 박혀 있는 것 같습니다. 목구멍도 꽉 막혔습니다. 도저히 물을 넘길 수 없습니다. 이불 밖은 더 춥습니다. 패딩점퍼를 껴입고 이불을 죄다 꺼내 깔고 덮습니다. 전기담요까지 켰습니다. 심지어 코로나를 앓을 때도 이렇게까지는 아니었습니다.

그러고 보니 증세는 비슷합니다. 오한, 비강 이물감, 편도선 부종에 무기력증까지. 이제 조금만 지나면 코로나 위기단계가 경계에서 관심으로 바뀐다는데 뒤늦게 이게 무슨 일인가 싶었습니다. 다음날 마스크를 쓰고 토요일 미사에 갔습니다. 밤새 상비약을 먹고 땀을 흘려선지 상태는 조금 좋아진 듯도 했습니다.

그날 오후부터 다시 증세가 시작됐습니다. 이젠 기침과 가래 콧물

마음순례

이 줄줄 흐르고 입맛도 잃었습니다. 하루 종일 라면 한 개, 그것도 반밖에 먹지 못했습니다. 이건 영락없었습니다. 그때보다 강도는 조금 약해졌어도 코로나 증상과 똑같았습니다. 선별진료소는 없어졌고 집에는 진단키트도 없습니다. 게다가 토요일 오후입니다.

다음 날 주일미사도 마스크를 겹겹이 쓰고 억지로 다녀오긴 했습니다. 집에 오자마자 다시 자리에 누웠는데, 어지럽고 전신이 콕콕 쑤셨습니다. 두루마리 휴지를 두 통 이상 썼는데도 콧물 가래는 멈추지 않습니다. 밤을 꼬박 새다시피 하다 월요일 아침 일찍 출근했습니다. 옷장에 넣어 두었던 두툼한 외투를 다시 껴입은 채였습니다.

약국 열자마자 진단키트를 사 검사부터 했습니다. 다행히 빨간 줄은 하나뿐입니다. 코로나는 아니었습니다. 사무실 직원들께 알리고 되도록 멀리하시라 당부드렸습니다. 자리에 앉아 업무를 시작했지만 오래 가지 못했습니다. 발작하듯 기침하고 그 끝에 가래를 뱉고 콧물까지 훌쩍이는 건 다른 분들께 방해만 될 뿐이었습니다. 결국 병가를 냈습니다.

최신 유행하는 독감이 그렇다는 걸 나중에야 알았습니다. 증세는 코로나 못지않으면서 더 독하게 오래 간다고 합니다. 발병 5일이 지난 지금까지, 계속 센 약을 먹고 엉덩이 주사까지 맞았는데도 차도는 별로입니다. 그나마 어머니께는 옮지 않아 천만다행입니다. 어머니는 골골대는 아들에게 왜 말 안 듣고 예방주사 맞지 않았느냐 핀잔을 주십니다.

그리 혹독하게 앓으며 제가 어쩌다 병이 들었는지 생각해 봤습니다.

그러다가 문득 떠오르는 게 있었습니다. 얼마 전 이 블로그에 쓴 글이 떠올랐습니다. 그때 저는 이젠 죽음이 하나도 두렵지 않게 됐다며, 주님 덕이 아니라 나이 먹으니 자연스레 그리되더라며, 언제든 죽어도 좋다며 갖은 건방을 떨었습니다. 천하에 어리석고 못난 짓이었습니다.

유다의 폭군 헤로데는 자신의 영토에서 양식을 받아먹고 사는 티로와 시돈 사람들 앞에서 연설을 합니다. 군중에서 누군가 그의 목소리를 '신의 목소리'라고 아첨하며 외칩니다. 헤로데는 그 말에 취해 영광을 하느님께 돌리지 않는 죄를 저지릅니다. 주님의 천사께서 그를 내치셨습니다(사도 12. 20-23참조). 하느님을 외면한 죄, 그것은 교만입니다.

사람이 독감으로 죽을 수도 있구나 싶었습니다. 그러니까 그 감기는 감히 죽음을 우습게 여겼던 제 교만에 대한 처절한 징벌이었습니다. 그건 인간이 저지를 수 있는 가장 크고도 나쁜 죄입니다. 그렇게 앓으며 2kg이 빠졌습니다. 빠져나간 그만큼이 제 교만의 찌꺼기이기를 기도합니다. 물론 그 몹쓸 글은 바로 삭제했습니다.

보좌신부님의 매력

해마다 5월의 첫 주일은 생명주일입니다. 인간의 존엄과 생명의 참된 가치를 가슴 깊이 되새기는 날입니다. 올해는 어린이날과 겹쳤습니다. 무거운 주제였는지라 미사 분위기도 착 가라앉았습니다. 미사 끝나고 보좌 신부님께서 말씀하셨습니다. "오늘 강론 어려웠지요. 여기서 보니 제 말이 여러분 이쪽 귀로 들어갔다가 저쪽 귀로 흘러 나오더라구요."

우리는 부끄럽기도 하고 민망하기도 해서 조용히 웃었습니다. 사실 어렵긴 했습니다. 내용도 그랬지만 다른 분이 쓰신 담화문이다 보니 쓰인 단어들도 생소했습니다. 신부님 말씀을 들으며 말풍선이 한쪽 귀로 들어왔다가 스멀스멀 다른 쪽 귀로 빠져나가는 만화의 한 장면이 떠올랐습니다. 혼자 피식하고 웃었습니다.

우리 보좌 신부님은 그렇게 평소에도 우스갯소리를 잘하십니다. 언젠간 강론을 앞두고 "저는 머리가 참 나빠요. 어저께 분명히 강론할 원고 잘 써두었거든요. 근데 그걸 빼 먹고 빈손으로 왔어요" 하셨습니다. 어느 미사에선 "생명을 사랑하고 지키는 사제지만 저는 화초를 참 못 키워요. 맨날 죽여요."라고도 하셨습니다.

그러니까 우리 보좌신부님의 유머 코드는 '자학' 혹은 '자폭'입니다. 솔직하게 자신의 부족한 부분을 드러내시면서 듣는 이들의 기대나 경계심을 무너뜨리는 방식입니다. 사제들께도 엄숙, 진지, 근엄의 이미지만이 아니라 그렇게 '허당' 끼도 있다는 점을 몸소 보이시는 것입니다. 대하는 사람들의 긴장감을 풀어 주고 친근함을 높이는 효과를 발휘합니다.

우리 보좌신부님은 그렇게 뭘 꾸미거나 숨기려 하지 않으십니다. 그냥 있는 그대로를 소탈하고 편안하게 말씀하십니다. 심지어 자신에 관한 것이라 할지라도 그러십니다. 그건 신부님께서 타고난 천성일 거라 생각합니다. 거기에 거짓을 철저히 금기시하는 교리의 가르침에도 철저하신 분입니다.

오늘날 우리는 불과 20년 전만 해도 상상할 수조차 없었던 첨단 과학 기술의 시대를 살고 있습니다. 지구 반대편의 사람들과 실시간으로, 그것도 돈 한 푼 들이지 않고도 소통하는 세상입니다. 손가락 몇 번 움직이면 끝없이 드넓은 정보의 바다에서 원하는 모든 것을 건져 낼 수도 있습니다. 우리 손에 들린 스마트 폰은 그 모든 것의 결정체입니다.

그런데도 사람들은 소통의 부재를 한탄합니다. 이 멋진 소통의 도구를 쥐고 있으면서도 세상은 불통의 답답함을 호소합니다. 모두가 남의 말을 듣기보다 자기 말하기 좋아해서 그렇습니다. 무엇보다 솔직하지 않아서 그렇습니다. 무언가 가리고 속이고 치장하고 꾸미려 하기 때문에도 그렇습니다.

하느님이 창조하신 사람은 뱀의 유혹에 넘어가 금단의 열매를 따 먹습니다. 그 후부터 그들은 부끄러움을 알게 되고 제 알몸을 무화과 나뭇잎으로 가리기 시작했습니다(창세 3. 7 참조). 그러니까 우리의 온갖 거짓과 허위와 가식은 기실 인간의 원죄 때문입니다. 오늘날의 분열과 갈등과 대립 역시 그의 대가일지도 모릅니다.

예수님께서는 "나는 빛으로서 이 세상에 왔다. 나는 믿는 사람은 누구나 어둠 속에 머무르지 않게 하려는 것이다(요한 12.46)"라고 하셨습니다. 빛의 세계에서는 아무것도 가릴 수 없고 사람들은 어디에고 숨을 수 없습니다. 예수님의 빛은 그런 솔직함 혹은 정직함을 상징할 것입니다. 그렇게 서로에게 거짓이 없어야 진정한 소통은 가능할 터입니다.

신부님의 솔직하고 소탈한 언행은 우리에게 그런 교훈을 새삼 일깨워 줍니다. 당신의 순수한 허당미에 우리의 존경심은 더욱 깊어집니다. 그런데 신부님, 강론 원고는 가끔 잊고 오셔도 좋습니다. 강론은 내용도 중요하지만 우리에겐 무엇보다 짧아야 좋으니까요. 이규원 마르코 신부님 늘 감사드립니다. 신부님을 위해 기도하겠습니다.

내 생애 가장 극적인 주말

웅~, 어머니 전화입니다. 웬만한 일 아니면 잘 안 하시는데, 뭔 일일까 공연히 불길한 생각이 듭니다. 받아 보니 요양보호사님이십니다. "어머니께서 대문 키 번호를 기억하지 못하셔요." 아무 생각 없이 번호를 알려줍니다. "아무래도 심상치 않아요. 전화도 못 거세요." 말하자면 치매 아니냐는 말씀입니다. 그제야 전 화들짝 놀랍니다.

의사 선생님께서는 조금 낙관적으로 진단하셨습니다. "치매 초기 증세로 보이긴 하지만 일시적일 수도 있다, 진단 점수를 보니 아직 걱정할 단계는 아닌 것 같다. 일단 뇌 건강 제를 정기적으로 먹으며 상태를 지켜보자." 걱정은 조금 놓았으나, 불안감까지 가시지는 않았습니다. 게다가 제가 보기에 어머니의 상태는 그 정도가 아니었습니다.

카톡 메시지 주고받는 법은 물론 전화를 받고 거는 법마저 잊으셨습니다. 심지어 시계도 못 보십니다. 생일은 아시는데 주민번호 뒷자리를 물으니 그게 뭐냐 되물으십니다. 아, 이건 틀림없습니다. 그 모습에 세상이 온통 캄캄해지며 가슴이 콱 막힙니다. 왜 나한테만 이런 일이 생기는지, 답답하고 억울하기도 했습니다.

잠시 끓어오르는 마음을 가라앉히고 기도를 합니다. 주기도문부터

마음순례

웁니다. '아버지의 뜻이 하늘에서와 같이 땅에서도 이루어지소서'라는 대목에서 문득 멈춥니다. 아버지의 뜻. 이것도 혹시 그것일까 싶었습니다. 그게 맞다면 이건 제게 주어진 또 하나의 의무입니다. 어머니를 돌볼 사람은 저 하나뿐, 그걸 자처하며 몇 년 전 이 집에 다시 들어왔으니까요.

그동안 직장을 얻었다는 작은 성취에 취해 있었습니다. '10년 고생 끝에'라는 말을 버릇처럼 입에 올렸지만 그쯤은 누구든 겪을 수 있는 일들에 불과했습니다. 지금껏 심각하게 아파본 기억도, 극심한 가난에 시달려보지도 않았습니다. 정말 그러시는 분들에 비하면 저는 그야말로 아무것도 아니었습니다. 그러다 이룬 꿈에 저는 교만했던 것입니다.

당연히 제 의무에 충실하지 않았습니다. 어머니의 느닷없는 치매증세는 그에 대한 하느님의 경고일 것이었습니다. "여러분은 모든 이에게 자기가 해야 할 의무를 다하십시오(중략). 존경해야 할 사람은 존경하십시오(로마 13.7 참조)." 저는 행복에 겨워 제 의무를 잊고 마땅히 존경할 분을 그리지 않았습니다. 두려워할 분을 피해만 다녔습니다.

마침 연휴여서 꼬박 3일을 어머니와 함께 지냈습니다. 아이에게 하듯 전화 받고 거는 법, 시계 보는 법 따위를 세세하게 가르쳤습니다. 어머니는 잘 알아듣지 못하거나 몸이 당신 뜻대로 움직이지 않으면 곧잘 짜증을 내셨습니다. 평소의 지였다면 같이 화를 내거나 지레 포기해 버렸을 텐데 용케 잘 참아 넘기며 시간을 함께 보냈습니다.

그 때문은 아니겠으나 천만다행으로 어머니는 좋아지셨습니다. 일요일이 되자 웬만한 건 다 기억해 내셨고, 당신이 그렇게 엉뚱한 언행을 하셨다는 것도 인지하셨습니다. 월요일이 되어 휴가를 쓸까 하니 어머니가 먼저 괜찮다며 등을 떠미십니다. 출근해 있는데 어머니 문자 메시지가 왔습니다. 지인들께 매일 보내시던 안부 문자였습니다. 완벽했습니다.

그렇게 어머니는 극적으로 정상을 찾으셨습니다. 요양보호사님도 깜짝 놀라셨습니다. 목요일에 마지막으로 본 그분은 누구시냐고 농담하실 정도였습니다. 병원에 다시 모시고 가니 의사 선생님께선 외부적 충격으로 인한 일시적인 현상, 곧 섬망일 수 있다고 결론 지으셨습니다. 그걸 듣고서야 전 안도의 한숨을 내쉬었습니다.

지옥과 천국을 오가며 저는 가장 극적인 주말을 지냈습니다. 우리 모자를 다시 살린 건 '아버지의 뜻'이란 한마디였습니다. 운명과 비슷하게 들리지만 뜻은 다릅니다. 체념의 의미가 바닥에 깔린 운명과 달리 주님의 뜻에는 희망이 뒤따릅니다. 운명은 아무도 어쩌지 못하지만 주님의 뜻은 우리를 구원의 길로 인도합니다. 그 말씀을 또 한 번, 다시 또 한 번 되뇌어 봅니다.

조금은 불편하더라도

　우리 본당의 이제학 안티모 주임 신부님은 생태론자 혹은 환경 운동가이신 것 같습니다. 아니면 그에 대한 관심이 지대하시고, 그래서 그들 못잖게 자연환경을 사랑하시는 분이 틀림없습니다. 지난주에 이어 미사 강론 시간에 신부님께선 그런 류의 동영상을 연속해 보여 주셨습니다. 지구 곳곳에서 자행되고 있는 자연환경 파괴의 현장을 고발하는 다큐멘터리였습니다.

　1편의 주제는 옷 쓰레기였습니다. 세계 각국에서 중고 옷을 수입해 파는 아프리카의 어느 도시가 배경이었습니다. 마구잡이로 압축되어 들여온 덩어리를 풀어헤치니 온갖 종류의 옷가지가 뒤섞여 있습니다. 도저히 입을 수 없는 것이 태반이었습니다. 상인들은 상품가치가 없는 것을 골라내 아무 데나 아무렇게나 버립니다.

　시장 외곽엔 거대한 옷 쓰레기가 산처럼 쌓였습니다. 도심을 가로지르며 흘러가는 강은 온통 옷 쓰레기 전시입니다. 언덕 위에서 한가로이 천 조각을 뜯어 먹는 송아지는 보는 것만으로도 끔찍했습니다. 사람들도 그 옆에서 태평하게 밥을 먹고 아이들은 그 더러운 강에서 헤엄을 칩니다. 그 나라 정부는 전혀 신경 쓰지 않는 것 같습니다.

2편은 플라스틱 일회용품에 대한 것이었습니다. 미세 플라스틱이니 뭐니 하며 환경오염의 새로운 주범으로 한창 입방아에 오르는 중입니다. 배달음식과 커피 등에 많이 쓰입니다. 발생량이 어마어마합니다. 우리나라 국민 1인당 연간 14~15kg을 버린답니다. 그중 재활용되는 건 불과 9% 정도, 나머지는 불에 태우거나 땅에 묻거나 바다에 버려집니다.

불로 태우면 그 연기가 대기를 오염시키고 땅에 묻은 건 도통 분해되질 않습니다. 바다에 버려진 것들은 애꿎은 다른 생물들의 목숨을 위협합니다. 정수리에 빨대가 박힌 거북이, 플라스틱 올가미가 목에 감긴 물개의 울부짖음은 참혹했습니다. 우리가 무심코 버린 플라스틱 쓰레기가 땅과 바다에 돌이킬 수 없는 재앙이 되고 있었습니다.

주님께서는 엿새 동안 이 세상을 창조하신 후 마지막으로 당신을 닮은 사람을 만드셨습니다. 그를 에덴동산에 두시며 창조주께서는 명하셨습니다. "일구고 돌보아라(창세 2. 15 참조)." 땅을 일구는 것은 그 숨통을 틔워주라는 말씀입니다. 동식물도 관심과 사랑으로 세심하게 보살펴야 합니다. 그것은 창조주께서 우리에게 주신 준엄한 의무입니다.

그런데 우리는 그릇된 욕망으로 땅과 강을 썩게 하고, 동식물들을 죽음으로 몰아가고 있습니다. 하느님의 명을 정면으로 거역하고 있습니다. 그렇게 자연에 상처를 주면 사람은 반드시 그 대가를 치러야 합니다. 쓰레기는 강을 거쳐 바다로 가 물고기 씨를 말리고는 파도에 밀려 해변으로 되돌아옵니다. 모든 재앙은 그렇게 결국 우리를 향하게 돼 있습니다.

우리가 사는 이 공간은 우리의 것이 아닙니다. 잠시 빌려 쓰고 있을 뿐입니다. 우린 이 산하를 온전하고 건강한 상태로 일구고 돌보아 후손에게 물려주어야 합니다. 신부님께선 그러자면 조금은 불편을 감수하며 살아야 한다고 강조하셨습니다. 당신부터 그럴 테니 닦아 쓰는 컵을 사용하고, 옷은 지금 있는 것으로 만족하면서 아끼고 줄이며 살자고 하셨습니다.

다행히도 두 번째 동영상 말미에는 자각한 시민들이 등장합니다. 그들은 자발적으로 플라스틱 사용량을 줄이고 관련 제품을 특히 많이 쓰는 기업들에 경고하는 캠페인을 벌입니다. 세상은 그런 분들로 인해 균형을 잡는 것 같습니다. 여전히 희망의 끈을 놓지 않는 이유이기도 합니다. 캠페인 단에 청소년과 어린아이가 많아 마음이 더 흐뭇했습니다.

그러지 말라 해도 우리 모자(母子)는 오래전부터 그렇게 삽니다. 어머니나 저나 옷 사 본 지가 언제인지 모릅니다. 구멍 난 양말은 기워 신습니다. 우린 배달음식을 싫어합니다. 일회용품과 비닐과 랩도 잘 안 씁니다. 어머니가 음식을 지나치게 넉넉하게 하시는 습관은 아쉽지만, 그건 제 몫입니다. 그냥 먹으면 됩니다. 두고두고. 살이 찌건 말건.

슬기롭게 나이 들기

동네에 못 보던 간판이 생겼습니다. '어린 왕자와 백설 공주의 성', 앙증맞은 왕자와 공주의 모습까지 그려 넣었습니다. 아이들을 위한 무엇이려니 했습니다. 그런데 가까이 가서 보니 진짜 상호는 '어른 왕자와 백살 공주'입니다. 모음 하나씩만 살짝 비틀어 전혀 다른 뜻을 만들어냈습니다. 아이가 아니라 어르신 요양보호시설이었습니다.

그런 게 참 많이 생겼습니다. 예전엔 다방이 그랬다는데 이젠 한 건물 건너 하나씩 요양병원이나 요양원입니다. 그만큼 남의 도움을 필요로 하는 어르신들이 많아졌다는 의미일 터입니다. 평균수명이 늘어가고 초고령화 사회로 접어들면서 등장한 21세기의 새로운 풍경입니다. 그곳에 계신 분들의 딱한 처지를 생각하면 마음이 무거워지기도 합니다.

누군들 애초부터 저런 곳에 가겠다고 작심했을까요. 누구도 그러지 않기를, 그러리라고는 생각하지도 않으며 살아왔겠지요. 그저 살다 보니 각자의 의지와는 아무 상관 없이 그리된 것이겠지요. 그런 시설을 운영하는 지인께서는 "주위에 의지할 곳이 없어 제 발로 찾아오시는 분도 더러 있지만 거의 다 가족들에 의해 입소한다"고 하십니다.

어느덧 저도 저런 시설이 예사롭게 보이지 않는 나이가 됐습니다. 윤석열 나이로 예순입니다. 59와 60의 차이는 큽니다. 겨우 1 차이지만 그건 '아저씨'와 '할아버지'의 경계입니다. 대통령의 선처는 그걸 조금 늦추었을 뿐이었습니다. 누군가는 지금 나이에 0.7을 곱해야 제나이가 나온다고 했다지만 그거야 그저 하기 좋은 말의 성찬일 뿐입니다.

할아버지가 되는 것을 염두에 두고 부러 준비한 건 아니었지만 따지고 보면 그게 그거였던 게 꽤 있습니다. 한 10년쯤 걸려 치아 정리를 해 오고있습니다. 임플란트도 하고 브릿지도 하고 씌우기도 해서 부실한 이들을 갈아 치웠습니다. 초등학교 동창이기도 한 주치의 선생님은 치료 막바지에 "틀니는 필요 없을 듯, 딘 관리만 잘하면"이라 했습니다.

미루고 미루던 예방주사도 웬만한 건 다 맞았습니다. B형 간염 주사를 제일 먼저 맞았습니다. 우리 가족에겐 그 항체가 없었습니다. 나중에 제 몸에 항체가 생긴 것까지 확인했습니다. 한 번 걸리면 산 채로 죽음을 경험한다는 대상포진 예방주사도, 노인들의 사망원인 제 1 순위라는 폐렴 예방주사도 맞았습니다.

나이가 조금씩 들면서 생기는 영양결핍에 맞추어 대책도 마련했습니다. 건강보조식품입니다. 귓속에서 삐이~ 소리가 들리는 이명은 체내 아연(ZN) 부족이 원인이랍니다. 약국에서 어렵지 않게 구해 정기적으로 먹고 있습니다. 간에 좋다는 영양제도 몸에 맞는 걸 찾았습니다. 그동안 고추로 보충하던 비타민 C도 약으로 챙겨 먹기 시작했습니다.

담배는 5년 전에 이미 끊었습니다. 지인들이 가장 놀라는 대목입니다. 그만큼 골초였습니다. 경력도 무지 길었습니다. 죽어야 끊는다는 걸, 저는 용케 살아서 끊었습니다. 그중에도 제일 잘한 건 예수님 품에 든 것입니다. 어느덧 4년 차입니다. 될 수 있는 한 평일미사도 가고 주일미사는 빠지지 않으려 애쓰고 있습니다.

솔로몬 왕께선 "무엇보다도 네 마음을 지켜라. 거기에서 생명의 샘이 흘러나온다(잠언 4.23)" 하셨습니다. 마음을 지킨다는 것은 초심을 잃지 않는다는 뜻도 되고 유혹에 흔들리지 않는다는 의미도 있을 터입니다. 그러다 보면 "우리의 외적 인간은 쇠퇴해 가더라도 우리의 내적 인간은 나날이 새로워진다(2코린 4.16 참조)"고 사도 바오로께서는 일러주십니다.

건강 보조제 잘 챙겨 먹기, 운동 빼먹지 말기, 주일엔 성당에 나가기, 틈만 나면 기도하고 성경 읽기, 그렇게 하면 제 노년은 행복할까요. 아, 또 하나가 남았습니다. 술도 끊어야 합니다. 그렇게 하겠습니다. 어른 왕자의 성에 가지 않을 수만 있다면 뭔들 못할까요. 그것까지 끊으면 세상 무슨 낙으로 사나 싶기도 하지만 그보다는 그게 낫습니다. 꼭 그리하겠습니다.

그리스도인의 의무

미사는 끝났는데 카풀하시는 큰베드로님이 안 보입니다. 조금 늦게 나오신 그는 차에 오르며 "교무금 내고 오느라" 하십니다. 아, 교무금, 이곳 성당으로 전입온 지 벌써 몇 년인데 저는 아직 그 통장조차 만들지 않았습니다. 이런 불충한 신자가 또 어디 있을까요, 그렇게 반성 중에 어르신이 대못을 쾅 박으십니다. "교무금이야 신자들의 첫째 의무지."

교무금, 봉헌금은 성전을 유지하고 신부님을 비롯해 성전을 위해 일하시는 분들 생계를 책임지는 성당의 거의 유일한 수입원입니다. 성당이 공장이거나 가게가 아니니 다른 무엇이 있을 리 만무합니다. 거기 다니는 신자라면 으레 그래야 했지만 저는 그동안 아무 대가도 치르지 않고 무단으로 드나들고 있었던 겁니다. 이건 명백한 범죄입니다.

문득 교리공부할 때 가톨릭 신자의 일상적 의무에 대해 배운 것이 떠올랐습니다. 그때 교무금이란 게 무엇이고 반드시 지켜야 할 의무라는 걸 들은 것 같았습니다. 그런데 지금은 하나도 기억나지 않습니다. 저는 참 한심한 신자입니다. 부리나케 집에 돌아와 그때 교재로 쓰던 "한국천주교 예비신자 교리서(한국천주교주교회의)"를 꺼내 듭니다.

제22과 "새로운 삶의 규범들"에 '교회가 정한 신자의 기본의무'가 나와 있었습니다. 총 6개입니다. 첫째 의무는 주일과 의무 축일 미사 참여입니다. 주일미사는 당연하고, 예수 성탄(12월 25일), 천주의 성모 마리아 대축일(1월 1일)과 성모 승천 대축일(8월 15일)에도 반드시 미사봉헌해야 합니다. 그래야 했는데 저는 주일미사마저 빼먹은 적이 있습니다.

고해성사가 두 번째입니다. 적어도 1년에 한 번 이상은 해야 한다는데, 저는 그동안 한 번도 하지 않았습니다. 어떻게 하는지조차 모릅니다. 솔직히 고백하자면 조금 두려웠습니다. 이유는 잘 몰라도 고해소 앞을 지나칠 때마다 까닭 모를 긴장감에 흠칫 놀라기까지 했습니다. 아마 지은 죄가 너무 많아서 그런 건 아닐까 싶습니다.

세 번째 의무는 단식과 금육입니다. 재의 수요일과 성 금요일에는 단식해야 합니다. 사순시기 동안의 재의 수요일과 매주 금요일엔 고기류를 먹지 말아야 합니다. 그렇게 해서 아낀 비용을 어려운 이웃과 나누어야 합니다. 이건 전혀 몰랐습니다. 알았다 하더라도 지키기 어려웠을 것 같습니다. 단식은 꿈도 못 꾸는 데다 워낙 고기를 좋아해 그렇습니다.

적어도 일 년에 한 번 부활 시기에 성체를 받아 모셔야 하는 게 네 번째 의무입니다. 이것도 다르지 않았습니다. 다섯 번째가 교부금 납부, 말씀드린 대로입니다. 마지막은 혼인법입니다. 결혼에 관한 교회법을 의미합니다. 여기에 대해서는 더 언급하지 않겠습니다. 결국 저는 그리스도인으로서의 의무를 제대로 지킨 게 하나도 없습니다. 전 아무 자격 없는 무대책 인간입니다.

　말 그대로 무늬만 신자였습니다. 당장 성전에서 쫓겨난다 해도 달리 할 말 없습니다. 세례받으며 맹세한 모든 약속을 헌신짝처럼 내버리고 살아온 셈입니다. 입은 가볍고 귀는 얇고 의지는 박약한 데다가 게으르기가 이를 데 없는 사람입니다. 천벌을 받아 마땅합니다. 그냥 내쫓겨서만 될 일이 아니었습니다.

　예수님께서는 거짓으로 하려면 아예 맹세하지 말라고 명령(마태 5.33-34 참조)하셨습니다. 저 같은 인간의 속성을 너무나도 잘 알고 계시기 때문일 터입니다. 말이나 못하면 밉지나 않을 텐데, 번드르하게 약속은 잘하면서 언제 그런 걸 했냐며 시치미 떼며 살아온 저를 예수님께서도 용서하시기 어려우실 터입니다. 저부터 잘 압니다.

　여태 고해를 하지 못하고 그게 오히려 무섭다고까지 느끼는 건 그래서인지도 모르겠습니다. 삶 자체가 거짓이니. 그저 부끄럽습니다. 큰베드로님이 바로 그때 그리스도인의 의무를 새삼 강조해 말씀을 해주신 건 그걸 알게 하려는 주님의 뜻이 분명합니다. 다시 시작해야겠습니다. 아, 더는 말로 하지 않겠습니다. 당장 행동부터, 무엇보다 통장부터 만들어야겠습니다.

평화를 사랑하는 민족

  파리 올림픽이 한창입니다. 워낙 그 방면에 관심이 없어 개막한 지 열흘이 넘었지만 저는 한 게임도 본 적 없습니다. 모르겠습니다. 2002년 월드컵 축구대회 이후 운동경기 따윈 그냥 보기 싫어졌습니다. TV 뉴스 안 본 지도 꽤 오래됐습니다. 그래도 경기 결과는 훤히 꿰입니다. 하루 일과를 신문 모니터링으로 시작해 그렇습니다.

  신문은 대한민국 국민들로서는 조금 김빠진 채로 이번 올림픽을 맞았다고 전했습니다. 축구, 야구 같은 인기종목이 줄줄이 예선 탈락해서 그랬고, 선수단 규모도 역대 가장 작아서 또 그랬답니다. 많아야 5개 정도 금메달을 딸 것 같다고 예상했습니다. 그런데 아니었습니다. 막상 대회가 시작되자 우리 대표선수들은 펄펄 날았습니다.

  잘하기는 하지만 저 정도까지였나 싶은 종목에서 낭보가 이어졌습니다. 펜싱이 포문을 열었습니다. 오상욱 선수가 1호 금메달을 땄습니다. 사격 공기권총은 우리 선수들이 금, 은메달을 독식했습니다. 언론들은 흥분했습니다. 시상대에 두 명의 우리 선수가 오른 사진을 걸고 "한국 사격 대형사고 쳤다"고 제목을 뽑았습니다. 올림픽 메달이 대형사고?

마음순례

전통적 강세 종목인 양궁은 전 종목을 휩쓸었습니다. 김우진 선수는 3관왕에 올랐습니다. 그렇게 대회 초반 금메달 행진을 주도한 종목은 사격, 펜싱, 양궁입니다. 공교롭게도 셋 모두 무기를 도구로 쓰는 종목들입니다. 이를 놓고 한 매체는 "총, 칼, 활 무기 종목 금메달 6개, 역시 이순신 장군 보유국"이라며 뜬금없이 장군님을 소환했습니다.

급기야 "전투민족 파워로 금메달 두 자릿수 넘나"라는 예측 기사를 올린 신문까지 등장했습니다. 우리 한민족이 바이킹이나 몽골족과 어깨를 나란히 하는 순간이었습니다. 우리가 그런 민족이었나요. 그 누구보다 평화를 사랑하고 그래서 그것을 상징하는 하얀색 옷을 즐겨 입던 사람들이 아니었나요. 저는 그런 줄만 알았는데 그게 아니었나 봅니다.

선수들을 부르는 별칭도 재미있습니다. 대한민국 대표선수를 '태극전사'로 부른 지는 이미 오래, 남자 펜싱 단체전에서 금메달을 획득하자 어느 매체는 선수들을 '뉴 어펜져스'라 불렀습니다. 중간의 '벤' 자를 펜싱의 '펜'으로 바꾼 겁니다. 영단어 avenge는 '복수하다'라는 뜻, 우리나라 선수들은 펜싱 칼로 냉혹하게 복수하는 사람들이었습니다.

운동경기라는 게 승부를 겨루는 게임인지라 종종 전쟁에 비유하고 전쟁용어를 차용해 쓰기도 합니다. 많은 분들이 지나치게 호전적인 표현에 대해 우려를 표할 정도가 됐습니다. 싸우자, 하는 파이팅(fighting)도 그중 하나입니다. 이제 그건 사전에 있는 보통의 언어가 되긴 했습니다만.

우린 적어도 통일신라 시대 이후로는 남의 나라를 침략한 적이 없다고 배웠습니다. 그렇게 수많은 외침을 당했으면서도 그래왔습니다. 이순신 장군도 남을 해치기 위해서가 아니라 오직 나라를 지키기 위해 무술을 연마하고 병법을 연구하셨을 터입니다. 그러니 우리가 전투민족이라는 말은 명백한 '오버'입니다. 우린 여전히 평화를 사랑하는 민족입니다.

"주님께서 당신 백성에게 권능을 주시리라. 주님께서 당신 백성에게 평화를 강복하시리라(시편 29. 11)". 주님께서 주신 것은 평화를 지킬 힘입니다. 다윗이 거인 골리앗을 쓰러뜨릴 때 썼던 무릿매는 주님이 내리신 권능의 상징이었습니다. 그는 그것으로 이스라엘의 평화를 지켜냈습니다. 그게 하느님께서 평화를 주시는 방법입니다.

우리에게도 그런 DNA가 있는 것 같습니다. 우리가 평화를 사랑하는 민족이지만 무기를 잘 다루는 것은 그 때문일 것입니다. 예상 밖의 금메달 풍년은 그렇게 다 그만한 이유가 있었습니다. 그래서 전 한민족의 한 사람이란 사실이 늘 자랑스럽습니다. 싸움을 부추기는 콩글리시라며 걱정하시지만 이럴 땐 써도 됩니다. 대한민국 파이팅입니다.

마음순례

배우고 실천하라는 말씀

군대 제대 후 삼십여 년 동안 체중과 허리사이즈는 늘 같았습니다. 그런데 나이가 들면서, 특히 담배 끊고 나서부터 체중이 불고 배가 나왔습니다. 몸이 부으니 부담스럽고 거북했습니다. 먹는 것을 줄이고 걷기 운동을 시작했습니다. 그것으론 조금 모자랐습니다. 피트니스 센터에 등록하고 1주일에 서너 번씩 나가 운동을 합니다.

전 참 성격이 못됐습니다. 누구에게 간섭받아가며 뭘 배우는 걸 끔찍이 싫어합니다. 훈계를 싫어하고 하느님 말씀을 뒤로 팽개치는(시편 50.17 참조) 악인의 표상이 바로 저입니다. 그래서 개인 트레이닝(PT)은 신청할 생각도 하지 않았습니다. 돈도 없긴 했습니다. 그냥 혼자 덜렁덜렁 가서, 홀로 몸을 풀고, 내 맘대로 운동하며, 놀다 옵니다.

그날도 어설픈 동작으로 몸을 풀고 있었습니다. 젊디 젊은 PT 코치님이 슬며시 제게 다가오십니다. 그는 은밀한 목소리로 "혹시 제가 한 동작만 가르쳐 드려도 될까요?" 하고 물으십니다. 제 폼이 영 한심해 보였나 봅니다. "네? 네, 그러시죠, 뭐." 내키지 않아서인지 나도 모르게 시큰둥한 대답이 튀어나왔습니다.

런지(lunge)라는 동작이었습니다. 한쪽 다리를 앞으로 뻗어 굽히고 뒷무릎을 바닥에 닿을 듯 말 듯 쫙 펴는 동작입니다. 코치님은 그걸 응용해 엉덩이 근육까지 자극하는 자세를 알려 주셨습니다. 시키는 대로 움직여 보니 허벅지며 엉덩이에 제대로 힘이 들어갔습니다. 온 몸이 바들바들 떨릴 정도였습니다. 두어 세트만에 땀범벅이 됩니다.

우리 몸은 교활합니다. 도무지 불편하고 힘든 걸 싫어합니다. 같은 자세라도 조금만 불편하다 싶으면 몸이 알아서 빈틈을 찾아냅니다. 조금이라도 편한 자세로 변형시킵니다. 처음 책상에 앉을 땐 허리며 목을 꼿꼿이 펴지만 시나브로 목과 허리를 꾸부정하게 굽히는 것처럼 말입니다. 그러다 거북목 되고 골반 틀어지는 걸 알면서도 그렇습니다.

운동도 그렇습니다. 자세를 배운 대로, 원칙대로 하면 무척 어색하고 어렵습니다. 평소 잘 쓰지 않는 근육을 써서 그렇습니다. 그럴 때 우리 몸은 쓰던 근육만 쓰는 자세로 변형시키곤 합니다. 제가 하는 것과 코치님이 일러주시는 동작이 얼핏 비슷해 보여도 그 효과는 천지 차이입니다. 그렇게 해선 아무리 용을 써도 바라던 효과가 나지 않습니다.

게을러서 그렇습니다. 운동을 하면서도 아프거나 힘 드는 것은 싫고, 그렇게 싫은 게 또 싫어서 그렇습니다. 정신은 이렇게 하라는데 꾀 많은 몸뚱이가 시키는 대로만 하다 보니 이도 저도 아닌 게 됩니다. 돈 잃고 시간 버리고 헛힘만 쓰는 격입니다. 골프고 당구고 경력은 몇십 년이어도 평생 초보 수준을 넘지 못하는 건 그래서입니다.

신심 깊고 믿음이 강한 사도 바울은 가히 배움의 달인이십니다. 그는 그렇게 지식이 많으면서도 평생 배우는 자세를 잃지 않으셨습니다.

"그리고 나에게서 배우고 받고 듣고 본 것을 그대로 실천하십시오(필리 4.9 참조)." 그는 귀 기울여 듣고, 눈여겨보고 기꺼이 받아들이며 배웁니다. 그걸 그대로 실천합니다. 그것이야말로 참된 배움의 자세입니다.

자신이 그렇게 배운 경험을 들려주기도 했습니다. "내가 궁핍해서 이런 말을 하는 것은 아닙니다. 나는 어떠한 처지에서도 만족하는 법을 배웠습니다(필리 4.11 참조)." 아시다시피 그는 예수님을 박해하던 사제였습니다. 부활하신 그분을 만나 마음을 바꾼 그는 온 세상을 돌며 복음을 전파하고, 가는 곳에서마다 무엇이든 배웠습니다. 심지어 가난마저도.

우리도 그래야 합니다. 공연히 제 고집만 피우며 남이 가르침을 무시하면 안 됩니다. 모든 것을 겸손하게 배울 것, 누군가의 가르침을 고맙게 받아 들일 것, 그것을 부끄러워하지 말 것, 외려 끊임없이 청하고 물을 것, 무엇보다 배운 대로 실천할 것. 바오로께서 강조하신 배움의 자세는 오늘날에도 매우 유용합니다. 그중 가장 중요한 건 물론 실천입니다.

'러키 비키' 원영적 사고

　우리회사 구내식당은 단체급식 계의 미슐렝 5스타급입니다. 기본이 1식 6찬에 모두 친환경 무공해 농산물만 씁니다. 재료를 아끼지 않는 데다가 조리원분들의 음식 솜씨가 보통이 아닙니다. 엄마 밥상이 따로 없습니다. 그런데도 가격은 단돈 3천 원입니다. 아이들 말대로 '미친 가성비'입니다. 직원들이 점심시간마다 긴 줄을 마다하지 않는 이유입니다.

　자기가 먹고 싶은 만큼 덜어 먹는 자율배식제입니다. 그러다 보니 인기 좋은 메뉴가 올라오면 일찍 소진되는 경우가 종종 있습니다. 생선구이나 갈비찜 같은 게 그렇습니다. 그런 불행한 사태를 당하지 않으려 직원들은 11시 반만 되면 벌써 엉덩이가 들썩입니다. 그렇게 해도 시간 맞추기가 여간 어렵지 않습니다.

　저는 약속 없는 날, 비 오는 날에만 구내식당을 찾습니다. 평소에는 이용을 자제합니다. 거기만 가면 과식해서 그렇습니다. 나이 들면서 소화기능도 떨어지고 먹는 게 다 살로, 특히 배로 가 신경 써 조절해야 하는데 구내식당에만 가면 그게 참 힘들어집니다. 식판을 반납하면서는 항상 후회하기 마련입니다.

어느 비 오는 날 계란말이가 나올 거란 공지가 떴습니다. 저의 최애(최고 애정하는) 메뉴입니다. 어머니께서 잘해 주셨는데 손목 관절이 망가진 후부턴 힘주어 말지를 못하십니다. 요즘엔 도통 먹지 못했습니다. 간혹 직접 만들어 보기도 했지만 영 아니었습니다. 그러니 그 소식이 얼마나 반가웠는지요. 그걸 보는 순간부터 입맛이 돌았습니다.

서두른다고 서둘렀는데도 제가 내려갔을 땐 이미 줄이 깁니다. 가까스로 제 차례가 됐는데 우려하던 사태가 벌어지고 말았습니다. 제 앞에서 계란말이가 똑 떨어지고 만 것입니다. 그 실망감이야 이루 말할 수 없었습니다만 그럴 땐 이렇게 말해야 합니다. "계란말이가 똑 떨어졌네. 아쉽지만 더 맛난 반찬이 나올 수도 있지, 완전히 럭키 비키잖아."

요즘 MZ 세대들이 즐겨한다는 '원영적 사고'입니다. 이야기의 주인공은 걸그룹 아이브(IVE)의 장원영이라는 가수입니다. 어느 날 영국식 빵인 스콘을 사러 갔는데 자기 바로 앞에서 매진됐답니다. 그는 짜증 내거나 투덜거리지 않고 '조금 기다리면 방금 구운 스콘이 나올 테지? 따뜻한 걸 먹을 수 있으니 얼마나 좋아. 나는 럭키 비키야' 했다는 겁니다.

러키 비키는 행운이란 뜻의 럭키(lucky)와 자신의 영어 이름 비키(Vicky)를 합친 말입니다. 부정적인 현실조차 넉넉하게 받아들이고 오히려 그것이 행운으로 바뀔 것이라는, 초긍정적인 태도를 그렇게 이른답니다. 힘들고 고달픈 세상을 속 편하게 살아가게 하는 슬기로운 전략이라 할 수 있습니다. 요즘 젊은이들은 말도 참 예쁘게 잘 만듭니다.

사실 원영적 사고의 오리지널 버전은 일찍이 성경 곳곳에서 찾을 수 있습니다. "당신께서는 저의 비탄을 춤으로 바꾸시고 저의 자루 옷 푸시어 저를 기쁨으로 띠 두르셨습니다(시편 30.12)"는 구절 등입니다. 하느님께서는 슬픔을 환희로 바꿔주시고, 가까운 사람을 잃는 고통이나 죄를 지은 자에게도 어떻게든 기쁨을 주신다는 말씀입니다.

전화위복(轉禍爲福)의 가르침입니다. 지금 당장은 내게 안 좋아 보이는 일들도 시간이 지나면 복으로 바뀐다는 가르침입니다. 그러니 힘들다고 쉽게 절망하거나 표기하지 말고 인내하고 기도하며 기다리라는 격려이기도 합니다. 물론 그 반대의 경우도 마찬가지입니다. 좋은 일이 생겼다고 교만하지 말고 작은 행복에 도취하지 말아야 할 일입니다.

그러는 사이 조리실 직원분께서 김이 모락모락 피어오르는 대형식판을 가져오십니다. 먹음직스러운 쏘야(소세지+야채볶음)가 한가득입니다. 제가 두 번째 좋아하는 음식입니다. 이럴 땐 밥이 조금 더 필요합니다. 넉넉하게 밥과 반찬을 담아 자리를 찾아 앉습니다. 다른 것 다 제치고 소시지부터 먹어 봅니다. 역시 배신하지 않습니다. 완전 러키 안드레입니다.

냉장고의 기적

　매주 주보가 나옵니다. 미사 안내, 사제 말씀 등 유용한 메시지와 소식들과 정보가 가득합니다. 맨 뒷장에는 우리 본당 공지사항이 있습니다. 그 면의 꼭대기엔 '이 주의 녹색순교' 말씀이 큰 글씨로 적혀 있습니다. 환경과 관련한 매주 다른 메시지를 전해 줍니다. 유난히 환경문제에 민감하신 우리 주임 신부님의 아이디어 같습니다.

　그 주의 메시지는 "냉장고 용량에 맞게 채우기"였습니다. 원래의 용량을 초과해 음식물을 보관하면 전력 소모가 심하고 기계의 고장도 잦아진다고 합니다. 그걸 방지하자는 취지였습니다. 알려진 바로 냉장실은 총량의 60% 정도만, 냉동실은 약간 헐겁게 채워야 전기도 절약하고 냉장고도 오래 쓸 수 있다고 합니다.

　그날 미사를 집전하셨던 마르코 보좌신부님께서 그걸 읽어 주시다가 고백하듯 말씀하셨습니다. "저도 본가에 가면, 음, 이걸로 어머니와 가끔 싸워요. 제발 버릴 것은 버리라면서요." 그 순간 저는 손을 번쩍 들고 "저도요" 할 뻔했습니다. 저와 제 어머니도 정말 그럽니다. 전국의 어머니는 다 똑같으신가 봅니다. 절대 공감했습니다. 신기한 노릇입니다.

어머니와 한집에서 다시 살게 된 지 얼마 되지 않았을 때 냉장고에 탈이 났습니다. 모터 소리가 점점 커지더니 나중엔 탱크 굴러가는 소리가 됐습니다. 잠시 조용해지는가 싶다가도 얼마 지나지 않아 꽥하고 비명을 질러댔습니다. 센터에 전화하니 성수기인지라 A/S는 일주일 후에나 가능하답니다. 무언가 비상 대책이 필요했습니다.

마음 단단히 먹고 냉장고를 열어 봤습니다. 평소엔 몰랐는데 관심두고 보니 그야말로 난리도 아니었습니다. 수리보다 청소가 먼저였습니다. 일단 그 안의 내용물을 죄다 꺼냈습니다. 상상 이상의 음식물들이 쏟아져 나왔습니다. 냉동고는 더 심했습니다. 몇백 년은 된 듯한, 정체조차 불분명한 물체들이 꽁꽁 언 채 겹겹이 쌓여 있었습니다.

유효기간이 지났거나 조금이라도 이상해 보이는 것들은 과감하게 내버렸습니다. 그 양이 쓰레기봉투 두어 개를 꽉 채울 정도입니다. 어머니께서 그 광경을 보시더니 "다 먹을 수 있는데" 하십니다. 저는 들은 척도 하지 않았습니다. 냉장고도 그렇지만 우리 둘의 건강이 더 걱정스러워서였습니다. 어머니는 포옥~ 한숨만 내쉬셨습니다.

못쓸 것들을 다 버리고 그 안의 묵은 때까지 박박 벗겨 냈습니다. 열을 맞춰 내용물을 정돈해 넣었습니다. 그렇게 말끔히 정리된 모습을 보고 있자니 속이 다 후련했습니다. 냉장고 안의 조명이 저렇게 밝은 것도 새삼 알게 됐습니다. 내내 걱정스레 지켜보시던 어머니도 "그래 놓으니 좋아 보이기는 하구나" 하시며 내심 만족해하시는 눈치였습니다.

그날 저녁 놀라운 일이 벌어졌습니다. 그 엄청났던 굉음이 차츰 줄어들더니 자정께 돼서는 완전히 사라져 버렸습니다. 그건 그야말로 기적이었습니다. 저는 다만 속을 깨끗하게 비워 주고 그 안을 정갈하게 청소해 주었을 뿐인데 냉장고는 놀라운 자생력을 직접 시연해 주고 있었습니다. 어머니도 적이 놀라시는 눈치였습니다.

예수님께서 게라사인 사람들의 지방으로 가셨을 때의 일입니다. 더러운 영이 들인 사람에게 예수님께서 "더러운 영아 그 사람에게서 나가라" 하고 명하시자 군대처럼 수 많은 악령들이 살려달라고 애원합니다. 예수님께서는 그들이 돼지에게로 옮겨 가는 것을 허락하시어 그렇게 되자 이번에는 돼지들이 스스로 물에 빠져 죽고 맙니다(마르 5.1-13 참조).

박스 안의 썩은 사과 하나가 그 안의 다른 모든 사과까지 상하게 한다고 합니다. 우리 안의 욕망, 분노, 집착 따위의 나쁜 감정은 썩은 사과 한 알과 같습니다. 그런 것이야말로 예수님 가르침대로 단호히 꺼내어 버리고 비워야 합니다. 우리 마음의 냉장고에는 사랑, 믿음, 희망과 같은 선한 의지만으로 채우기도 모자랍니다.

사과의 타이밍

어머니 모시고 경주에 다녀왔습니다. 당신 고향입니다. 외할아버지, 외할머니는 이미 돌아가셨고, 지금은 두 분 이모님과 외삼촌 한 분이 사십니다. 형제들은 매년 한 번씩 만나 가족 간의 정을 나누십니다. 특히 이모님 두 분과 어머니, 세 자매의 만남은 참 짠하고 애틋합니다. 세 분은 밤을 새워 가며 추억을 이야기하십니다.

그들만의 시간에 제가 끼어 있으면 아무래도 조금 불편하실 터입니다. 매번 숙소를 따로 잡습니다. 그날도 저는 세 분을 남겨두고 홀로 경주 야행(夜行)에 나섰습니다. 쌀쌀한 겨울밤인데도 관광객들이 많았습니다. 첨성대 같은 주요 문화재를 새삼스레 둘러봤습니다. 경주는 그냥 그대로도 화려한데, 올핸 거리 곳곳에 색색의 조명을 밝혔습니다.

다음 날엔 아침 일찍 토함산에 오르기로 했습니다. 불국사와 석굴암 같은 신라시대 유적이 즐비한 민족의 영산(靈山)입니다. 그동안 수도 없이 경주에 다녀왔으면서도 거긴 한 번도 가 보지 못했습니다. 해발 7백여 미터에 정상 바로 아래까지 도로가 나 있고 주차장이 갖춰져 있어, 정상까진 2~30분이면 충분히 걸어 오를 수 있다고 합니다.

마음순례

기왕이면 일출도 보고 싶어 새벽에 깨 부지런히 차를 몰았습니다. 사위는 아직 어둡고 오가는 차는 많지 않았습니다. 묵주기도를 외우며 한창 달리는데 우측 뒤편에서 갑자기 경적이 울리면서 상향등까지 번쩍거립니다. 제가 기도 중 딴생각이라도 한 모양입니다. 깜빡이도 켜지 않고 옆 차선으로 들어갔으니 따라오던 뒤차가 놀랄 밖에요.

황급히 핸들을 꺾었습니다. 다행히 사고는 없었습니다. 가슴을 쓸어내렸습니다. 횡단보도 앞에서 정차했을 때 제 차 옆에 화물차 한 대가 멈춰섭니다. 운전석 창문이 스윽 내려가고 운전자가 고개를 쭉 내밉니다. 그는 제 쪽을 쓱 쳐다보며 "미안하다꼬 사과를 해라. 쫌!" 하십니다. 걸쭉한 경상도 사투리입니다. 아까 제 뒤에 있던 차였나 봅니다.

"네가 제단에 예물을 바치려고 하다가, 거기에서 형제가 너에게 원망을 품고 있는 것이 생각나거든, 예물을 거기 제단 앞에 놓아두고 물러가 먼저 그 형제와 화해하여라(중략). 너를 고소한 자와 함께 법정으로 가는 도중에 얼른 타협하여라(마태 5.23-26 참조)." 화해와 타협은 사과가 전제입니다. 예수님께선 제 잘못을 알았거든 얼른 사과부터 하라고 이르신 것입니다.

사과는 타이밍입니다. 빠를수록 좋습니다. 내 잘못이다 싶으면 바로 미안하다며 머리 숙이는 게 상책입니다. 그래야 의도했던 만큼의 효과를 거둘 수 있습니다. 그런데 순간적으로 뭘 잘못했는지 모를 때도 있습니다. 당연히 사과도 하지 않겠지요. 하지만 나중에라도 내가 뭘 잘못했는지 알게 됐다면 또 바로 사과해야 합니다.

저는 그가 경적을 울릴 때부터 이미 뭘 잘못했는지 알았습니다. 그런데도 머뭇거리다 그만 타이밍을 놓쳤습니다. 그 순간 바로 비상등을 켜든지, 신호대기에서 만났을 때 먼저 손이라도 들어 사과의 표시를 했어야 했습니다. 하지만 아무것도 하지 않았습니다. 입장을 바꿔 생각해도 제가 참 얄미워 보였을 터입니다.

그 한마디가 그대로 마음속에 박혔습니다. 운전하는 내내, 산에 오르는 내내, 일출의 장엄한 광경을 보는 내내 그 한마디는 제 속에서 쩌렁쩌렁 메아리쳤습니다. '사과를 해라, 쫌!' 그래야 했습니다. 그때 그랬다면 생면부지의 사람에게 반말까지 들어가며 무안을 당하지는 않았을 텐데. 후회가 막심했습니다.

사과는 참 어렵습니다. 용기가 필요합니다. 그런데 먼저 미안하다 하면 상대는 대부분 아니라며, 자기가 미안하다며 손사레를 칩니다. 그게 인지상정입니다. 사과는 아무리 많이 해도 지나치지 않습니다. 그러면 오히려 내가 더 커집니다. 어머니와 경주 여행 가서 엉뚱하게 그걸 깨쳤습니다. 앞으로도 그 말씀 절대 잊지 않겠습니다. 사과를 해라, 쫌!

함께 사는 세상

어김없이 성탄절이 찾아왔습니다. 예수님께서는 이 세상을 구원하시기 위해 사람의 모습을 하시고 가장 누추하고 낮은 곳으로 오셨습니다. 그토록 고요하고 겸손한 걸음이었지만 인류의 역사는 이날 이전과 이후로 나뉩니다. 그만큼 위대하고 극적인 사건이었습니다. 우린 그분이 임하신 후에야 비로소 인간답게 사는 방법을 알게 되었습니다.

11월 말부터 4주 동안 예수님 오시는 길에 커다란 초를 밝히며 기다립니다. 진보라색 양초가 조금씩 색을 덜어내 마침내 눈부신 흰색으로 바뀌며 이 세상에 그분 오심을 알립니다. 아무 색도 섞이지 않은 순백색 초는 예수님의 가 없는 사랑을 상징한다고 합니다. 우리의 삶을 순수한 사랑으로 충만케 하라는 가르침이기도 합니다.

그 특별한 의미를 몰랐을 때 크리스마스는 그저 흔한 공휴일 중 하나였습니다. 철모르던 시절엔 친구들과 즐겁게 노는 날로 알았습니다. 다들 모여 왁자지껄 술도 마시고 공연히 들뜬 마음으로 쓸데없이 거리를 배회하기도 했습니다. 나이가 들면서는 그저 집에서 조용히 지냈습니다. TV나 보며, 밀린 잠이나 자며, 가장 무의미하고 가장 불경하게.

그런 이들을 위해 TV에선 크리스마스와 관련된 영화를 종일 틀어줍니다. 〈십계〉, 〈벤허〉와 같은 종교영화는 물론 〈해리 포터〉, 〈러브 액츄얼리〉 같은 오락영화도 빠지지 않습니다. 그중 백미는 〈나 홀로 집에〉 시리즈가 아닐까 합니다. 1991년에 1편이 개봉됐으니 벌써 30년이 넘었는데도 볼 때마다 새롭습니다. 그 생명력이 참 경이롭습니다.

간혹 아이가 너무 영악하다느니, 아무리 악당들이라도 너무 잔인하게 응징하는 거 아니냐는 비판도 있었지만 그보다는 '재미'가 있어 사람들은 그 영화를 즐겨 봅니다. 킬링타임용으론 그만한 영화 또 없습니다. 가족 간 사랑에 대한 메시지가 주제니 교육적 효과도 무시 못합니다. 이맘때 저를 포함한 사람들이 홀린 듯 그 영화를 반복해 보는 이유입니다.

올해도 케빈을 만났습니다. 성탄전야 미사에 다녀와 TV를 트니 한창 2편이 방영 중입니다. 집 떠난 케빈이 대도시 뉴욕에서 악당들과 벌이는 소동을 그립니다. 전편의 '물에 젖은 도적단'과 다시 만나 추격전을 벌이던 케빈은 비둘기 아줌마의 도움으로 위기를 벗어납니다. 그녀의 은신처에서 둘이 나누는 대화에는 영화의 모든 것이 담겨 있습니다.

사람들을 피하려고 일부러 비둘기 똥을 뒤집어쓴다는 아줌마에게 케빈은 말합니다. "나도 혼자가 좋을 줄 알았어요. 그런데 싸우더라도 누군가와 함께 있는 게 더 좋은 거 같아요." 인간은 사회적 동물이랍니다. 작대기 두 개가 서로 기대고 있는 것이 사람 인(人) 자라고도 합니다. 사람은 혼자서는 영 불안하고 불편하고 또 불완전한 존재입니다.

마음순례

함께 살되, 어떻게 함께 할 것인가가 중요합니다. "모든 사람과 평화롭게 지내고 거룩하게 살도록 힘쓰십시오. 거룩해지지 않고는 아무도 주님을 뵙지 못할 것입니다(히브 12,14)." 사도 바오로께선 다른 사람들과 평화롭게 함께 살면서 거룩해지라 하셨습니다. 이는 다른 사람과 함께 살기가 얼마나 어려운가를 알려 주시는 말씀이기도 합니다.

제겐 선천적으로 공동체 DNA가 없는 줄 알았습니다. 오히려 누군가 곁에 있는 게 싫고 힘들었습니다. 그래서 어머니와 이렇게 오래도록 별 탈 없이 잘 지낼 줄은 꿈에도 몰랐습니다. 하지만 우리 둘은 제법 오래도록 잘살고 있습니다. 생각해 보면 '인정'이 그 첫 번째 비결 같습니다. 그의 존재와 가치와 생각과 취향까지 받아들이는 자세 말입니다.

영화가 끝나고 TV를 끄니 어둠이 밀려듭니다. 어머니의 마른기침 소리가 들립니다. 걱정이 되면서도 마음이 놓입니다. 이런 생각이 불쑥 듭니다. '만약 저 소리가 더이상 들리지 않는다면, 이 어두운 공간에 나 혼자밖에 없다면', 그건 생각만으로 끔찍합니다. 저는 이제 나 홀로 살 자신이 없습니다. 어머니와 함께 저도 거룩해지고 싶습니다.

한라산에 올라

백록담에 올랐습니다. 해발 1,950m, 대한민국에서 제일 높습니다. 3번째 도전이었습니다. 앞서 두 번은 진달래 대피소까지 올랐다가 발길을 돌려야 했습니다. 휴식년제에 걸려 한 번, 기상악화로 또한 번 포기해야 했습니다. 저만 그런 게 아니라 그런 분들이 많았나 봅니다. 백록담 구경하려면 나라 구한 조상이 있어야 한다는 말까지 있으니까요.

그게 늘 아쉽고 안타까웠지만 좀처럼 기회가 없었습니다. 그런데 얼마 전 아주 우연히 '안내 산악회'란 게 있고, 그중 하나에서 당일치기 한라산 등반상품을 팔고 있는 걸 알았습니다. 새벽 첫 비행기 타고 갔다가 막 비행기로 되돌아오는, '빡센' 일정이었습니다. 가격도 만만치 않았지만 사무친 그리움에 조금도 주저하지 않고 예약했습니다.

비행기 삯과 현지 이동비용 백록담 등반비에 김밥과 생수까지 제공해 준다고 했습니다. 그냥 몸만 가면 되니 참 편했습니다. 예약 잘 마치고 들뜬 마음으로 이것저것 챙기는데, 또 애태울 상황이 벌어졌습니다. 기상악화로 출발 이틀 전까지 백록담 입산이 금지됐다는 소식이 문자로 옵니다. 이번에도 실패가, 노심초사하며 날이 개기만 기

마음순례

다렸습니다.

전날 저녁 8시가 넘어서야 금지조치가 해제됐다는 소식입니다. 간절히 바라면 이뤄진다고 했던가요, 드디어 꿈에 그리던 백록담을 볼 수 있게 된 것입니다. 당일 등반대원은 저 포함해 달랑 셋이었습니다. 다른 두 분은 모자간이었습니다. 그들은 성판악 회귀 코스를 선택하셨습니다. 관음사 종주코스는 저 혼자입니다. 역시 저는 어딜 가도 무소의 뿔입니다.

공항에서 한라산 주차장까지 이동할 때 제주도엔 짙은 먹구름이 낮게 드리워져 있었습니다. 산 입구에서 단단히 준비를 마치고 바로 등산로에 접어들었습니다. 출입구 안과 밖의 풍경이 완전히 다릅니다. 눈이 대충 다 녹은 저지대와 달리 전방의 한라산엔 내린 눈이 그대로 쌓여 있습니다. 〈겨울왕국〉을 연상케 하는 은빛 가득한 세상입니다.

해발 1,200m쯤을 지나자 구름까지 말끔하게 걷혔습니다. 찬란한 겨울 햇살이 새하얀 눈밭 위에 부서지는 풍경은 '환상' 말고 달리 표현할 길이 없습니다. 그렇게 진달래 대피소까지는 어렵지 않게 올랐습니다. 거기서 백록담까지는 고작 2km 남짓, 금방 올라갈 거 같았는데, 안내판엔 1시간 30분이나 걸린다고 합니다. 다 그럴 만한 이유가 있었습니다.

거의 절벽이었습니다. 기다시피 올라야 합니다. 고지라 공기마저 희박한지 숨은 턱까지 차올랐습니다. 예상 시간을 꽉 채워서야 정상에 올랐습니다. 엄청 고생했지만 그렇게 오를만 했습니다. 눈에 드는 모든 게 장관입니다. 거대하고 깊숙한 분화구는 태고의 신비를 간직한 듯 신비롭습니다. 저 멀리 보이는 태평양은 눈부시게 푸르렀습니다.

사도 요한께서 말씀하신 예루살렘 도성이 떠올랐습니다. "그 도성은 하느님의 영광으로 빛나고 있었습니다. 그 광채는 매우 값진 보석 같았고 수정처럼 맑은 벽옥 같았습니다(묵시 21.11)." 순백의 절벽이 둘러쳐지고 그 주위로 끊임없이 구름과 눈이 용솟음쳐 오르는 백록담의 풍경이 마치 그곳처럼 느껴지기도 했습니다.

그 광경에 한동안 넋 놓고 있다가 정신 차리고 하산을 서둘렀습니다. 눈이 쌓여 하산도 만만치 않습니다. 밑으로 내려올수록 날이 흐려집니다. 삼각봉 대피소에 도착하니 다시 시커먼 구름이 하늘을 덮었습니다. 등산객들의 이야기 소리가 들립니다. "구름이 또 몰려오나 봐", "그게 아니라 우리가 구름 아래로 내려온 거야."

그 말씀대로 시커먼 구름은 산 중간에 그냥 그대로 걸쳐 있습니다. 우리는 구름 위로 올랐다 그 아래로 다시 내려온 것입니다. 1,000미터 해발만 해도 위아래가 그리 다른데 그보다 훨씬 높은 하느님 나라야 오죽할까요. 한라산이 황홀하게 아름답기로서니 천국만큼은 아니겠지요. 어쨌거나 꿈의 한라산 등정, 무사히 잘 다녀왔습니다.

마음순례

당근 거래 성공기

딱히 침대를 싫어하는 건 아니지만 좋아하지도 않습니다. 그냥 바닥에서 자는 게 더 편합니다. 어머니와 함께 살게 되면서부턴 거실 바닥에 요 깔고 잡니다. 얼마 전엔 두툼한 삼단 매트리스까지 마련했습니다. 두께가 15cm나 되는지라 냉기가 올라올 틈이 없습니다. 따로 전기요를 깔지 않아도 새벽까지 따뜻하게 잘 수 있습니다.

작은 방에 있는 침대는 점점 더 존재감을 잃어갔습니다. 동생이 쓰던 거였는데 제 주인 멀리 떠난 후 홀로 방치돼 오던 중이입니다. 취침용이 아니라 걸터앉거나 옷가지 따위를 올려놓는 수납기능으로 전락하고 말았습니다. 아직 쓸 만한데 저걸 어쩐다, 그걸 볼 때마다 고민이 많아지곤 했습니다.

최근 당근마켓이란 걸 알게 됐습니다. 소비자들끼리 중고물품을 사고파는 온라인 플랫폼입니다. 뭘 버리려 해도 돈을 물어야 하는 시대입니다. 내놓는 사람은 필요 없어진 물건을 돈까지 받으며 팔아서 좋고 사는 사람은 헐값에 꼭 필요한 걸 구할 수 있으니 좋습니다. 몇천 원짜리 양말에서 몇천만 원을 호가하는 중고차까지 다양한 물건들이 거래됩니다.

저는 설마 했습니다. 저런 낡은 침대 따위를 누가 살까 싶었습니다. 그래도 혹시 몰랐습니다. 세상 모든 것에는 임자가 따로 있다고 하지 않던가요. 게다가 당근마켓에 제품 올리는 건 공짭니다. 사진 몇 장 찍어 가격과 함께 올려놓고 기다리기만 하면 됩니다. 밑져야 본전이라는 심정으로 도전에 나섰습니다.

의외로 과정은 어렵지 않았습니다. 가격을 얼마로 정할까 고심하다가 과감하게 3만 원을 매겼습니다. 나중에 깎아 주는 한이 있더라도 좀 '세게' 나가자는 전략이었습니다. 올린 지 하루 만에 반응이 왔습니다. 거래는 일사천리였습니다. 구매자는 마침 그게 꼭 필요했는지 협상도 하지 않으셨습니다. 바로 거래날짜가 잡혔습니다.

그 중간에 변심하지 않을까, 살짝 걱정이 되긴 했지만 그냥 믿는 수밖엔 없었습니다. 그리고 마침내 거래 당일, 약속시간에 맞춰 침대를 1층에 내려놓았습니다. 잠시 후 1톤 탑차가 단지로 들어섭니다. 부부가 함께 오셨습니다. 가볍게 인사를 나누고 그들은 바로 침대를 트럭에 싣습니다. 아내분이 카톡 뱅크로 시원하게 결재해 주십니다.

그렇게 제 생애 첫 당근거래는 초스피드로 성사됐습니다. 신기하기 짝이 없었습니다. 아무도 안 쓰는 침대를 일면식도 없는 분께 물경 3만 원이나 받고 판 이 상황이 도무지 믿기지 않았습니다. 다른 한편으론 제가 이제야 비로소 현대인의 대열에 당당히 끼게 된 듯하여 뿌듯하기도 했습니다. '나도 당근맨'이라 쓴 피켓이라도 들고픈 심정이었습니다.

예수님께서는 무리 속 한 아이가 갖고 있던 물고기 두 마리와 보리

빵 다섯 개로 5천 명의 사람들을 배불리 먹이셨습니다. 그러고도 먹을 게 남았습니다. 예수님께서는 제자들에게, '버려지는 것이 없도록 남은 조각을 모아라' 하고 이르셨습니다. 사람들이 먹다 남긴 빵 조각만 열두 광주리가 넘었습니다(요한 6.8-13 참조).

사람들은 풍요 후엔 곧잘 교만해집니다. 그것이 영원할 줄 믿지만 그렇지 않습니다. 예수님께선 심지어 당신의 기적도 그렇다고 말씀하신 것입니다. 그러니 그게 무엇이든 나에게 주어진 것에 감사하며 아끼고 절약해야 할 일입니다. 풍요의 시대를 사는 우리에게 그 진리는 더욱 절실해졌습니다. 무심코 버리는 것들로 우리의 지구는 시시각각 병들고 있습니다.

쓰지도 않으면서 쟁여두기만 하는 것도 미덕은 아닙니다. 나보다 더 필요로 하는 누군가가 있거든 아낌없이 나누어야 합니다. 당근마켓은 그 평범한 진리를 가장 쉽게 실천할 수 있게 해 줍니다. 직접 한 번 해 보시기를, 하나도 어렵지 않고 제가 할 정도면 모두 할 수 있으니. 아, 그렇다고 제가 그 회사랑 무슨 관계가 있는 건 아닙니다. 오해일랑은 거둬 주시길.

제게 벌을 내리소서

가장 크시고 높으신 주님을 경외하며 찬양하나이다.

주님은 그렇게 위대하신 분이오나

그 하늘에만 계시지 않으시고

허물어지고 부서진 제 마음 안에도 깃드시고

어둡고 추운 세상의 가장 아래에도 내려오시어

우리의 상처를 보듬어 주시고,

지친 영혼을 사랑으로 품어 주시나이다.

이제껏 주님을 외면하고

그 존재조차 부정하며 참으로 교만하였으며

한없이 나태하였던 이 죄인의 참회를 들어 주소서.

소중한 인생을 낭비하고 시간을 헛되이 흘려보냈나이다.

이제야 주님 발밑에 엎디어 비오니

부디 못난 저를 용서하여 주소서.

새 이름을 받고 당신의 손길로 제 이마에 그어 내리신

기름 십자가를 잊지 않겠나이다.

새로이 태어난 그 영광된 순간을 기억하며 참으로 성실하고 올곧게

한 길을 가겠습니다.

시련과 고통의 위기가 닥칠지라도

아무도 원망하지 않고 누구도 탓하지 않으며

무엇도 핑계 삼지 않겠습니다.

제가 져야 할 짐을 남에게 떠맡기지 않고,

가시밭길도 돌아가지 않겠습니다,

그 모든 것을 그저 당신의 뜻으로 여기며,

입으로 말을 내지 않고 묵묵히 꿋꿋하게 제 길을 걷고

또 기도하겠나이다.

당신의 모든 말씀을 가슴에 간직하겠나이다.

당신의 어떤 가르침이라도 소홀히 하지 않겠나이다.

당신의 이끄심에 순종하겠나이다.

십자가에 못 박혀 제 목숨을 바친

아드님의 숭고한 희생을 헛되이 하지 않겠나이다.

우매하고 어리석은 인간들을 위해, 그들이 세상을 바로 보고

아버지이신 주님의 뜻을 알게 하기 위해

스스로 죽음의 길로 향하신 아드님께선

제 손과 발에 대못을 박고 옆구리에 창을 찔러 넣는 자를

외려 걱정하시고 그 죽음을 조롱하고 비웃음거리로 만든
자들까지 용서해달라며 기도하였나이다.
세상의 주님이신 아버지께서 내리신 말씀만을 믿고
그것을 온몸으로 행하며
어리석은 인간들을 일깨워 주신 하느님의 크신 사랑에
감사하나이다.
그 거룩하고 숭고한 사랑의 정신을
영원토록 간직하겠나이다.
비록 죄인의 몸이오나
이제부터라도 그 길을 따라갈 수 있도록
끊임없이 저를 다그치고 스스로를 채찍질하겠습니다.

비오니 주님,
행여 제 결심이 흔들리거나 또다시 제 마음이 요동한다면
가차 없이 벼락을 내치시어 저를 벌하여 주시고
바로 서게 하소서.
당신의 아들 우리 주 예수 그리스도를 통하여 비나이다.

아멘

제3부

그 길에서 만난 사람들

그 길에서 만난 사람들. 미사 중 만난 아기, 토요일 미사마다
성가봉사하시는 방영애 세실리아님, 부평1동 성당 복사단,
십자가의 길을 따라 기도드리는 할머니, 해성원 봉사 나가시는
송도순교성인성당 영원한 도움의 성모 레지오 단원들…

은하계에서 가장 맛있는 짜장면

"정말입니까. 해성원에서 자봉(자원봉사)하신다구요?" 선거캠프 사람들과 늦은 저녁을 먹던 중이었습니다. 후보자 일정을 짜다 해성보육원 얘기가 나왔습니다. 참석자 중 한 분이 한 달에 한 번 자원봉사 나가 누구보다 잘 안다고 하십니다. 저는 아직 1년 넘게 대기 중인데, 그는 벌써 활동 3년차랍니다. 너무 반가워 그의 손을 덥석 잡았습니다.

인천 해성보육원은 0세부터 6세까지의 아이들만 수용하는 공립시설입니다. 1894년 문을 열었으니 100년이 훨씬 넘었습니다. 그런 상징성과 역사성 때문에 자원봉사자 대기 줄이 깁니다. 저도 그중 하나였는데 마침내 그분을 만난 것입니다. 이럴 땐 얼굴에 철판을 쓰고 '빽'을 써야 합니다. 거기 끼워달라고 애원했습니다. 그는 약간 거만을 떨며 '받아는 주지' 하셨습니다.

그 덕에 매월 마지막 주 주일에 봉사를 나가게 됐습니다. 해성원은 늘 고요하고 평화롭습니다. 물론 아이들이 모여 사는 곳인지라 가끔 아기의 울음소리가 들리고 이제 막 입을 뗀 녀석들의 앙증맞고 서툰 말 소리가 들리기도 합니다. 나이 든 남자들만 있는 우리 봉사단은 그 아이들을 직접 만날 수는 없습니다. 그저 야외에서 힘쓰는 '노가다'만

마음순례

합니다.

가끔 마당에서 산책하거나 놀이터에서 뛰노는 아이들을 마주칠 때가 있습니다. 해맑게 웃으며 손을 흔들어 주는 녀석도 있고, 배꼽인사를 하기도 합니다. 그럴 때마다 우리들은 그만 무장해제 되고 맙니다. 아무리 좋은 자양강장제도 그건 따라올 수 없습니다. 모든 피로가 싹 달아나곤 합니다. 그곳에서의 노동은 조금도 힘들지 않습니다.

"너희가 회개하여 어린이처럼 되지 않으면 결코 하늘나라에 들어가지 못한다(마태 18.3.)." 예수님께서는 어린이를 자신을 낮추는 큰 사람(마태 18.4.)이며 하느님의 나라를 가장 잘 받아들이는 사람(루카 18.17)이라 하셨습니다. 참으로 겸손하고 가장 믿음이 깊은 사람, 죄 많은 어른들은 회개하여 아이처럼 돼야 하느님의 나라에 갈 수 있습니다.

어린이 하나를 내 이름으로 받아들이면 나를 받아들이는 것(마태 18.5)이며 그러므로 하늘나라의 주인(루카 18.16)이라고까지 하셨습니다. 그처럼 아이는 위대한 존재이지만 육신은 가장 연약하고 그 심성은 백지와도 같습니다. 그들을 보호하고 양육하며 미래를 아름다운 색으로 가득 채워 줄 부모의 관심과 사랑이 절대적으로 필요합니다.

해성원의 아이들은 그러질 못합니다. 수녀님들과 봉사자들이 헌신적으로 보살피지만 문득문득 그 눈망울엔 외로움 혹은 그리움이 묻어 있는 듯합니다. 아프게 넘어지고도 잘 울지 않는 건 세상을 너무 빨리 알았기 때문인지도 모릅니다. 그래서 그곳에서의 봉사가 마냥 흐뭇하고 행복하지만은 않습니다. 돌아서면 가슴이 저리고 울컥해지기도 합니다.

그런 아이들을 위해 우린 땀을 아끼지 않습니다. 오늘 아침엔 날이 흐려 걱정했는데 일 시작하니 햇볕이 쨍쨍합니다. 단장님은 하늘을 올려다보며 혼잣말을 하십니다. "요즘 미세먼지가 심해서 걱정했는데, 제 기도를 들어주셨군요. 감사합니다." 요셉이란 본명답게 참 의 젓하고 속이 깊은 분입니다. 저를 빼고 함께 봉사하시는 분들이 다 그렇습니다.

자원봉사의 피날레는 짜장면입니다. 근처 인하대학교 후문에 최고의 가성비로 유명한 중국음식점. '인하각'이 있습니다. 그 식당에 가면 따로 주문할 필요가 없습니다. 짜장면은 인원수대로, 탕수육은 대자 같은 소자 하나만. 단언컨대 이 집 짜장면과 탕수육은 은하계 최고입니다. 양은 말할 것도 없습니다. 열이 먹어도 남을 지경입니다.

식사하는 내내 유쾌한 웃음소리가 끊이지 않습니다. 봉사하는 날은 그렇게 즐겁고 행복합니다. 단장님과 봉사단원들, 마음 써주시는 수녀님과 막 퍼주시는 중국집 사장님까지. 아, 거기에 하늘을 뒤덮었던 미세먼지를 말끔히 걷어 주신 우리 예수님까지, 그렇게 모두 함께하기에 아이들은 행복할 수 있습니다. 거기 끼어 있는 저도 참 행복합니다.

진정한 용서

　본당 보좌신부님은 모델처럼 키가 훤칠하게 크고 미남이십니다. 매주 월요일과 일요일 새벽미사를 집전하십니다. 신자 수가 적고 시간은 짧아도 새벽미사는 더욱 경건하고 한층 엄숙합니다. 신심이 두텁고 단단한 분들이 함께하시기 때문일 터입니다. 보좌신부님도 매번 진지한 표정으로 열성을 다해 미사에 임하십니다.

　지난주 일요일 새벽미사 때였습니다. 시간이 다 됐는데 신부님이 모습을 보이지 않으십니다. 해설자는 연신 시계와 성전입구 쪽을 번갈아 쳐다보며 초초해 합니다. 그날 독서봉사 하는 저도 덩달아 그랬습니다. 그러는 사이 6시가 넘었습니다. 이쯤 되면 뭔가 일이 생긴 게 틀림없습니다. 기다림은 두려움으로 바뀝니다.

　6시 5분이 다 돼서야 보좌신부님이 성전입구에 나타나셨습니다. 성큼성큼 긴 다리 걸음으로 제단에 으르십니다. 바로 미사가 시작됐습니다. 입당송, 고백기도 등이 지나고 본기도를 올리기 직전 신부님께서 잠시 좌중을 둘러보신 후 말씀하십니다. "교우 여러분 죄송합니다. 제가 그만 늦잠을 잤습니다. 정말 죄송합니다. 더 성심껏 미사에 임하겠습니다."

신부님의 표정은 사뭇 진지했고 묵직한 목소리엔 진심이 묻어났습니다. 신자분들은 다행이라는 표정과 함께 가볍게 웃으며 화답해 주십니다. 저는 일순 생각이 많아졌습니다. 그냥 아무 말 없이 넘어갈 수도 있는데, 겨우 몇 분 늦은 것을 굳이 저렇게까지 말씀하실 필요가 있을까. 만약 나라면 그냥 시치미 뚝 떼고 모른 척했을 텐데.

저란 인간이 원래 그렇습니다. 게으르고 거짓말에 능하고 남 탓이나 하고. 신부님의 행동을 쉬 이해하지 못한 건 당연했습니다. 그런데 그 궁금증이 풀린 건 그다음 주일 새벽미사에서였습니다. 그날의 복음말씀은 마태오 복음 18장 19절부터 22절까지, '용서'에 관한 내용이었습니다.

베드로가 죄지은 형제를 몇 번 용서해야 하는가를 묻자 예수님께서 일흔일곱 번까지도 용서하라고 대답하십니다. "예수님은 무조건적인 용서를 말씀하십니다. 그런 용서에는 전제가 따릅니다. 용서를 받고자 하면 먼저 청해야 합니다. 제 잘못을 인정하며 뉘우치고 반성한 후에 상대방에게 용서를 구해야 합니다." 신부님께선 그렇게 강론하셨습니다.

하긴 그렇습니다. 제 잘못이 아니라고 생각하면 굳이 용서를 청하지 않을 것입니다. 그런 사람까지 굳이 챙겨가며 용서할 수는 없습니다. 신부님은 엿새 전 단 몇 분 지각한 자신의 잘못을 신자들 앞에 인정하고 고백하고 사과하셨습니다. 그건 용서를 구하는 사람의 참된 자세입니다. 아무리 사소한 잘못이나 실수라도 그래야 한다는 것도 몸소 일깨워 주신 것이었습니다.

마음순례

제 잘못을 알고도 인정하지 않고 심지어 무슨 잘못을 했는지조차 모르는 사람들이 너무 많습니다. 그들은 죄책감 없이 점점 더 큰 잘못과 죄를 짓습니다. 더 나아가 그게 최선이었노라며 스스로를 정당화하고 번듯하게 포장까지 합니다. 땅 주인의 아들까지 해친 포도밭의 욕심 많고 어리석은 소작인들처럼 말입니다(마르 12.1-12 참조).

신부님은 그레서 "용서를 해주고 싶어도 그럴 수 없는, 용서가 말라버린 세상"이라고 한탄하셨습니다. 저는 고개를 들 수 없었습니다. 제가 바로 그런 사람이기 때문입니다. 그걸 끝내 몰랐다면 저는 그 못된 소작인들처럼 버려지고 쫓겨날 뻔했습니다. 영문조차 몰라 억울해하면서. 천만다행으로 보좌신부님 덕에 그러지 않을 방법을 알게 된 것 같습니다.

늘 나의 말과 행위를 신중히 살펴야겠습니다. 누군가에게 저지른 아주 사소한 잘못까지 아프게 인정하고 진정을 다해 사과하고 마음으로 용서를 구해야겠습니다. 보좌신부님이 하시던 그대로 말입니다. 그건 더 후회하지 않으며 제 인생의 나머지를 살 수 있는 지침이 될 것입니다. 감사합니다. 가르침 가슴에 새기며 살겠습니다. 멋진 스테파노 보좌신부님.

온유하고 자비한 사람

간만에 양복을 입었습니다. 사무실에 들어서니 제 이름이 쓰인 명패가 번쩍번쩍 빛이 납니다. 의자가 참 멋지고 앉아 보니 편안합니다. 딱 10년 걸렸습니다. 다시 이런 자리에 앉기까지. 짧다면 짧고 길다면 또 하염없이 긴 그 시간 동안 저는 참 많은 일을 겪어야 했습니다. 이 자리 하나를 얻기 위해 길고 긴 길을 한참이나 돌아와야 했습니다.

같은 사무실을 쓰게 된 분들 중엔 제가 제일 나이가 많은 축에 듭니다. 이 방의 대장이신 실장님과 동갑입니다. 다들 그런 신참을 어려워하는 눈치입니다. 이래서 나이 먹은 사람들을 잘 쓰지 않으려 하나 봅니다. 제가 공연히 머쓱해집니다. 어쨌든 입사순으론 제가 제일 막내입니다. 직장생활 잘하려면 선배님들부터 잘 모셔야 합니다.

새로운 분위기와 문화에 적응하느라 지난 일주일이 어떻게 흘러갔는지도 몰랐습니다. 어제 막 출근한 것 같았는데 어느새 금요일이 됐습니다. 그날 아침 직원들 단톡방에 회식 공지가 떴습니다. 오, 회식입니다. 여러 사람이 모여(會) 같이 음식을 먹는(食) 행위입니다. 정말 오랜만에 듣는 사람들의 언어입니다. 기대에 들떠 하루 종일 설레었습니다.

마음순례

반주를 겸한 식사를 하며 방 식구들은 유쾌하게 동료애를 다졌습니다. 발령받고 며칠 동안 잔뜩 긴장해선지 저는 금방 취기가 돕니다. 그러거나 말거나 선배님들께선 연신 건배를 외치며 빈 잔을 채워주십니다. 막내 입장이니 거부할 수 없습니다. 잔꾀 부리지 않고 주는 대로 '완샷(완전히 잔 비우기)' 합니다. 자리가 파할 무렵엔 제법 거나해졌습니다.

그런 제가 걱정스러웠는지 막내아들뻘 되는 선배님께서 숙취 해소제 한 병을 슬쩍 쥐어주십니다. 그렇게 누군가에게 무엇을 받아 본 게 언제였는지, 또 감동입니다. 그 귀한 걸 함부로 먹을 수는 없었습니다. 호주머니에 깊숙이 넣어 둡니다. 선배님들과 헤어져 버스정류장으로 향합니다. 우리 동네 가는 111-2번 버스는 금세 왔습니다.

버스에 오르며 기사님과 눈이 마주칩니다. 얼마 전까지 택시를 몰아 잘 압니다. 밤늦게까지 일하는 기사들에겐 그 시간이 가장 힘듭니다. 몸도 그렇지만 집으로 돌아가는 승객들을 보면 나도 빨리 집에 가고 싶다는 마음이 굴뚝같아집니다. 동병상련의 심정으로 버스에 오르는데 기사님께서 제게 인사를 하십니다. "안녕하세요. 어서 오세요."

아는 분인가 했는데 기억에 없습니다. 그런데 자리에 앉아 가만히 보니 저만이 아니고 다른 모든 승객께도 일일이 인사하십니다. 내리는 분들께도 "안녕히 가세요" 하십니다. 인사를 받는 분들은 흠칫 놀라면서도 "고맙습니다", "안전 운전하세요" 화답하십니다. TV에서나 볼 법한 흐뭇하고 가슴 따뜻해지는 풍경이 바로 제 눈앞에서 펼쳐지고 있었습니다.

버스에서 내리면서 아까 그 드링크제를 꺼내 기사님께 건넵니다. 기사님은 몇 번이고 고맙다 인사하십니다. 그 표정이 참 선하고 진실해 보입니다. 저는 말끔하게 술이 깼습니다. 기분 좋게 밤길을 걷습니다. 선배님이 주신 드링크제는 좋으신 버스 기사님께 돌아갔습니다. 그처럼 세상 모든 건 제 주인이 따로 있나 봅니다.

그는 힘든 일을 하시면서도 밝은 표정으로 낯선 승객들을 향해 사랑의 인사를 건네십니다. 인사를 받는 분들은 마음이 따뜻해지며 그에게 다시 감사 인사를 합니다. 한 사람의 선한 영향력이 다른 많은 사람들을 감화시킵니다. 그 기사님은 예수님께서 말씀하신 '온유하고 자비롭고 마음이 따뜻하며 평화를 이루는 사람(마태 5.5-9 참조)'이 분명했습니다.

집 앞입니다. 그새 비는 그쳤습니다. 까만 밤하늘에 작은 별 하나가 유난히 반짝입니다. 마음이 꽉 찬 듯 충만함에 젖습니다. 이런 행복, 다시 누릴 줄은 꿈에도 몰랐습니다. 허락하신 모든 것에 감사드립니다. 전화기가 몸을 떱니다. 아, 어머니이십니다. 진짜로 온유하고 자비로운 분, 그런 분을 늦게까지 기다리게 했습니다. 빨리 들어가 봐야겠습니다.

치과의사 이규원의 꿈

"지난 1월에 국가지정기록물 지정 신청을 마쳤어요. 올 연말까지 심사하고 내년 상반기 정도엔 발표할 것 같은데, 솔직히 지금 저는 지쳤어요. 벌써 29년이나 됐으니 그럴 만도 하죠. 제가 개인적인 영화나 보자고 이러는 것도 아닌데, 인천을 위해, 나라를 위해 희생하신 그 어린 소년병들의 정신을 기리자는 일인데."

치과의사 이규원 선생님은 채 말을 잇지 못하십니다. 6.25 소년병 이야기만 나오면 저러십니다. 목이 메고 가슴이 저려 그렇습니다. 강직하고 매사 자신감 넘치는 분입니다. 청년 시절, 시의원으로 활약하실 때는 참 대단했습니다. 물론 요즘도 그 시절의 흔적이 엿보일 때가 있지만 그 얘기만 나오면 저렇게 감정을 주체하지 못하시곤 합니다.

그의 아버지 이경종 옹은 6.25 한국전쟁 때 열여섯 나이로 소년병에 자원입대해 최전선에서 싸웠습니다. 전쟁이 끝났지만 다시 학교로 돌아가지 못했습니다. 식구들 생계를 책임져야 했답니다. 그렇게 전쟁을 잊고 지내던 어느 날 문득 소년병 이야기가 궁금해지셨답니다. 모두 몇이었는지, 그중 몇이나 죽었는지, 살아남은 그들은 잘 지내는지.

그때부터 생존 소년병들을 만나고 사료를 찾아다니기 시작하셨습니다. 그게 1996년이니까 벌써 30년이 다 됐습니다. 그동안 300여 소년병들의 자필 이력서와 육성 회고록, 사진, 각종 서류 등 3천 점이 넘는 방대한 기록물을 모았습니다. 이경종 옹께서 일을 벌이셨고 아들 이규원 원장과 손자까지 3대가 힘을 모아 오늘에 이르고 있습니다.

그는 자신의 병원 건물 1층에 '6.25 참전 인천 소년병 기록관'을 마련했습니다. 2015년에는 정식 박물관으로 인정받았습니다. 그 이듬해인 2016년 그 가치와 공로를 인정받아 국무총리상까지 받았습니다. 이제껏 모으고 추린 그 모든 것을 집대성해 올해 초 국가 지정 기록물 지정 신청까지 마쳤다는 것입니다.

만약 그의 바람이 이루어지면 6.25 전쟁과 관련한 최초의 민간 기록물이 될 것이라 합니다. 아버지에 대한 지극한 효심으로 시작한 일이 이제는 대한민국 역사의 한 장이 될 순간을 기다리고 있는 셈입니다. 아무도 하지 않은 일이지만 누군가는 해야 할 일을 이규원 원장님께서 자처하며 오직 집념으로 여기까지 일궈 오셨습니다.

사도 바오로는 에페소 시민들에게 이렇게 말씀하셨습니다. "자녀 여러분, 주님 안에서 부모에게 순종하십시오. 그것이 옳은 일입니다. '아버지와 어머니를 공경하여라' 이는 약속이 딸린 첫 계명입니다. '네가 잘 되고 땅에서 오래 살 것이다' 하신 약속입니다(에페 6.1-3)." 부모에 순종하고 공경하는 자녀야말로 오래도록 잘 사는 약속을 받은 사람들이라는 말씀입니다.

꼭 그래서만이 아니라 그건 우리의 의무이자 최소한의 도리입니다. 부모님은 우리가 제 몸도 못 가누는 미약한 존재로 태어났을 때부터 오늘까지 우릴 위해 희생하신 분들입니다. 우린 그 은혜에 깊이 감사하고 조금이나마 갚을 수있는 길을 찾아야 합니다. 저는 그걸 너무 늦게 알았습니다. 문득 정신을 차리고 보니 아버지는 제 곁에 계시지 않으십니다.

부모님에 대한 보은의 방법은 여럿입니다. 이규원 원장님은 아버지의 원을 풀고 그 숭고한 뜻을 이어받는 길을 택하셨습니다. 더군다나 그건 부친의 개인사적 일이 아닙니다. 나라를 위해 목숨마저 아낌없이 바친 소년병들의 넋을 기리고 명예를 드높이는 일입니다. 이 나라 역사(歷史)의 한 장을 완성하는 숭고한 역사(役事)입니다.

그가 여기에 들인 공과 노력 그리고 경제적 투자도 이만저만하지 않습니다. 자신의 노후도 준비해야 하는 판인데 이 일에 전 재산을 다 들이다시피 했습니다. 이제는 그의 바람처럼 나라가 나서는 게 마땅합니다. 그의 꿈이 이루어지기를, 무엇보다 국가기록물로 지정부터 되기를 간절히 기도하겠습니다. 인천 소년병 기록관은 중구 신포동의 답동 성당 입구에 있습니다.

새벽을 함께 여는 사람들

　제 친구 정찬용의 세례명은 요셉입니다. 원래는 개신교도였는데 천주교 믿는 각시에게 장가들면서 개종했답니다. 그는 덩치가 큽니다. 그 넉넉한 체격만큼 믿음이 굳고 강직하며 신의가 깊습니다. 세례명 요한이 그에게처럼 잘 어울릴 수는 없습니다. 그를 안 지는 얼마 되지 않았지만 꽤 가까이 지냅니다. 해성원 봉사를 이어 준 이도 바로 그입니다.

　그를 새벽 미사에 나갔다가 만났습니다. 나간 첫날 그가 거기 앉아 있는 걸 보게 됐습니다. 제가 세례받은 송도의 순교성인성당에서였습니다. 제가 지금 다니는 부평의 본당은 월요일만 새벽미사를 엽니다. 그래서 거기로 간 거였는데 뜻밖에 그가 아내와 함께 거기 있던 것입니다. 이래저래 그와는 인연이 참 깊나 보다 싶었습니다.

　요셉은 슬하에 1남 1녀를 두었습니다. 장남은 지금 곁에 없습니다. 안타깝게도 국방의 의무를 다하던 중 불의의 사고를 당했다고 합니다. 요셉은 그 얘기만 나오면 그런 일이 있었네, 하며 입을 굳게 다뭅니다. 그게 그 부부가 새벽미사 나오는 이유인지도 모릅니다. 순교성인성당 새벽미사는 매일 정현수 미카엘의 이름을 처음으로 지향하며 시작합니다. 요셉의 아들입니다.

얼마 전부터는 새 인물이 눈에 띄기 시작했습니다. 강정숙 안젤리나(가명). 그 또한 제 친구입니다. 사업하는 여장부입니다. 원래는 다른 성당에 다니는데 집이 이 근처라 오게 됐다고 합니다. 일만 아는 친군 줄 알았는데 신앙에도 진심인 듯합니다. 굉장히 열성적입니다. 하루도 빠짐없이 나옵니다. 그에게도 사정은 있습니다.

그녀에겐 두 딸이 있습니다. 엄마를 닮아 똑 부러진 성격에 총명하기 이를 데 없습니다. 그런데 영국 유학 중이던 작은딸이 방학 중 집에 왔다가 사고를 당했답니다. 갑자기 의식을 잃었는데 오밤중이라 그런지도 모르는 채 그만 골든타임을 놓쳤답니다. 천만다행으로 목숨은 건졌지만 아직 자리에 누워있답니다. 지푸라기라도 잡는 심정으로 미사에 나온다는 것입니다.

사람들은 기도합니다. 대부분은 자기 자신을 위한 기도입니다. 삶이 고달파서, 가진 게 없어서, 너무 아파서, 시험 붙게 해 달라며. 그렇게 보통의 기도는 당장 자기에게 닥친 해결 불가능한 문제를 절대자의 힘으로 풀어 보려 합니다. 하지만 세상 부모들은 그러지 않습니다. 찬용 요셉이나 정숙 안젤리나처럼 그들은 자기 말고 제 자식을 위해 기도합니다.

하느님께서는 "보라, 아들들은 주님의 선물이요 몸의 소생은 그분의 상급이다(시편 127.3)" 하셨습니다. 그렇게 말씀하지 않으셨더라도 세상 모든 부모들은 자기 자식을 그렇게 사랑하고 자랑스러워합니다. 그런 부모 마음은 세상 누구나 다 같습니다. 모두들 그들의 아이들이 잘되기를, 이 거친 세상에서도 훌륭히 자라주기만을 바랍니다.

그런데 제 두 친구의 아이들은 뜻하지 않은 사고를 당했습니다. 한 아이는 유명을 달리했고, 다른 아이는 오래도록 아파하고 있습니다. 그 부모는 얼마나 힘들고 고통스러울까요. 우리는 짐작만 할 뿐 그 깊이는 가늠도 못 합니다. 그들은 그래도 자식들을 결코 포기하지 않습니다. 세상이 무너지는 아픔을 품고 그들은 오늘도 이른 새벽부터 기도합니다.

그들은 그렇게 기도하며 자신에게 닥친 비극과 슬픔을 담담히 받아들입니다. 하느님께 기도드리면서 가혹한 시련에 맞설 힘을 얻고 헛헛한 가슴을 다시 희망으로 채웁니다. 그래서 그들은 비록 불행의 그늘에 가려 있으면서도 웃음을 잃지는 않습니다. 언젠가는 당신께서 그 기도에 응답하실 것을, 자신들의 상처를 어루만져 주실 것을 믿기 때문입니다.

그들은 제게 묻습니다. 당신은 왜? 딱히 적당한 대답이 떠오르진 않습니다. 그런데 하다 보니 내심 바라는 건 생겼습니다. 생선을 쌌던 종이에는 비린내가 남지만 꽃 포장지에선 그 꽃향기가 나는 법. 그들과 함께 있으며 그들을 따라 하다 보면 혹시 제 신심도 그리 두터워지지 않을까요. 제 몸에 꽃향기가 배기를 바라며 오늘도 졸린 눈을 비벼 뜹니다.

마음순례

듣는 마음

새로운 만남은 늘 설렘과 기대와 함께 옵니다. 만나기로 약속된 순간부터 상대방이 못내 궁금해집니다. 어떤 분일까, 어떻게 생기셨을까, 성격은 또 어떠실까. 뭘 좋아하실까, 이런 분이면 좋겠는데, 나와 잘 맞는 분이었으면, 그런 막연한 호기심과 기대가 뒤섞인 복잡한 심정으로 우린 그와의 만남을 목 놓아 기다리게 됩니다.

일주일 전 우리 본당 주임 신부님과 보좌신부님이 새로 오셨습니다. 주보에 인사 예고가 날 때부터 제 심정이 딱 그랬습니다. 제 나이 60줄에 들었으니 이젠 아니겠거니 했는데 그게 아니었습니다. 오히려 맞선 기다리는 노총각 마냥 새로 오실 신부님들을 '설레는 심정'으로 기다렸습니다. 새로운 만남의 즐거움은 그렇게 나이와는 아무런 상관이 없나 봅니다.

이규원 마르코 보좌 신부님의 첫인상은 앳되고 순수해 보이는 청년의 이미지였습니다. 밀간 낯빛에 입꼬리가 살짝 말려 올라간 온화한 미소를 짓고 계십니다. 말씀도 또박또박 나긋나긋하게 하십니다. 성가를 부를 때 넣어 주시는 화음은 예사롭지 않습니다. 평신도로 성당에 다니실 때 학생 성가대를 지도하고 지휘까지 하셨다고 말씀해 주셨습니다.

대학을 졸업하고 직장생활을 하다 주님의 부름을 받았다고 하셨습니다. 남들보다는 조금 늦은 나이에 사제의 길로 접어들며 신부님은 자신의 서품성구를 '듣는 마음'으로 정했다고 하셨습니다. 솔로몬 왕에게 내린 하느님의 선물입니다. 백성의 말을 잘 듣고 선과 악을 구별하여 그들을 어질게 다스리는 능력을 이릅니다(열왕상 3. 9. 참조).

그것만으로도 솔로몬은 왕이 될 자격이 충분했다고 생각합니다, 그런 큰 권세를 얻고서도 백성을 헤아리고자 하는 마음과 자세를 청하셨으니 다른 거야. 하느님도 크게 기뻐하시면서 다른 선물까지 덤으로 얹어 주셨다고 합니다. 솔로몬은 그 덕으로 가장 지혜롭고 공정한, 그래서 가장 위대한 왕으로 후대에 기록됐습니다.

사람들은 남의 말을 듣기보다 내 말 하기를 좋아합니다. 대화할 때도 남의 말 끊고 제 말만 하는 사람이 많습니다. 아예 제 귀를 꼭 막고 큰소리로 제 얘기만 합니다. 지위가 높을수록, 권력이 많을수록 그런 자기중심적 증세는 더 심해집니다. 솔로몬의 듣는 마음은 오히려 지금 우리 시대, 우리 사회에 더 필요한 덕목인지도 모르겠습니다.

예수님께서 어린 시절 파스카 축제에 가셨다가 잠시 행방불명(?)되셨습니다. 율법 교사들의 말을 듣고 또 묻는 데에 몰두하다 생긴 사건이었습니다(루카 2.41-47참조). 잘 들어야 잘 묻습니다. 어릴 때는 그러기가 힘듭니다. 그러니 예수님은 경청의 능력을 타고난 분이었습니다. 우리의 마음을 그렇게 잘 헤아리신 데는 다 그만한 이유가 있었습니다.

마음은 곧 심장(Heart)입니다. 히브리어로 '듣는 마음'은 곧 '듣는 심장(레브 소메아)'이라고도 한답니다. 우리 몸 안의 어느 것이 그렇지 않겠는가마는 심장은 생명과 직결되는 가장 소중하면서도 치명적인 장기입니다. 우리를 살게 하거나 죽게도 합니다. 그래서 정말 간절한 심정 혹은 갸륵한 정성을 표현할 때 곧잘 심장을 빌려 쓰곤 합니다.

심장은 또 사랑을 상징하기도 합니다. 사랑 중에서도 목숨을 바쳐 지키는 고귀한 사랑입니다. 그러니 솔로몬 임금과 우리 보좌신부님께서 원하셨던 듣는 마음은 사랑을 가득 담아 아픈 사람, 약한 사람들의 이야기를 들어주겠다는, 그래서 그들이 더 억울하지 않고 더 외롭지 않게 해 주겠다는 스스로에 대한 다짐일 것입니다.

몇 년 전부터 이명을 앓습니다. 귓속에서 하루 종일 정체불명의 소리가 납니다. 아직 치료 방법은 없습니다. 남들은 어떻게 그러고 사냐 묻습니다. 집중하는 데 약간 방해는 될지언정 다른 소리를 듣지 못하거나 일상생활에 지장을 받진 않습니다. 게다가 신부님 말씀처럼 남의 이야기는 귀가 아니라 마음으로 듣습니다. 듣고자 하면 이명 따위는 아무것도 아닙니다.

지금 바로 여기

미사 중 강론 시간, 마르코 보좌신부님께서는 지난주 어느 신부님의 추모제에 초대되었던 이야기를 들려주십니다. 당신이 속한 중창단이 고인을 기리는 노래를 부르게 되었답니다. 참 영광스럽고 소중한 자리여서 선곡에 공을 들였다고 하셨습니다. "머리를 맞대고 상의한 끝에 택한 곡은 이거였습니다" 하시더니 직접 그 노래를 불러주십니다.

"나는 떠날 때부터 다시 돌아올 걸 알았지/눈에 익은 이 자리 편히 쉴 수 있는 곳/많은 것을 찾아서 멀리만 떠났지/난 어디 서 있었는지/하늘 높이 날아서 별을 안고 싶어/소중한 건 모두 잊고 산 건 아니었나/이제 그랬으면 좋겠네/그대 그늘에서 지친 마음 아물게 해/소중한 건 옆에 있다고/먼길 떠나려는 사람에게 말했으면"

가왕이라 칭송받는 조용필의 '이젠 그랬으면 좋겠네'라는 노래였습니다. 한과 애절함이 서린 듯한 원곡 가수와는 사뭇 다른 신부님만의 버전이었습니다. 소년처럼 맑고 청아한 목소리로 읊조리듯, 속삭이듯, 정말 지친 누군가를 위로하는 듯 부르셨습니다. 신부님은 고개를 반쯤 숙이고 그렇게 1절 끝까지 부르시고는 다시 고개를 들어 좌중을 둘러보십니다.

노래를 막 시작하실 때부터 신자들은 그저 멍하니 신부님을 쳐다보기만 합니다. 유난히 힘든 한 주를 보내 지쳐 있던 저도 그랬습니다. 신부님의 목소리엔 남들을 집중시키는 힘이 있었습니다. '소중한 건 그대 곁에 있다고'는 대목에선 또 코끝이 찡해졌습니다. 꼭 저를 지칭해 어루만지며 불러주시는 것처럼 느껴지기까지 했습니다.

그날의 복음 말씀은 루카복음 15장 11절부터 32절까지의 '되찾은 아들의 비유'였습니다. 두 아들 중 하나가 미리 받은 유산을 탕진하고 돌아왔는데 그 아버지는 오히려 그를 반기며 잔치를 벌여줍니다. 형이 그걸 못마땅해하자 아버지는 "너의 저 아우는 죽었다가 다시 살아났고 내가 잃었다가 되찾았다. 그러니 즐기고 기뻐해야 한다"라며 달래줍니다.

어머니와 단둘이 삽니다. 2018년부터였으니 어느덧 6년 차입니다. 따로 떨어져 산 지 25년 만의 재회였습니다. 그해 여름 어머니는 가슴을 열고 10시간이나 대수술을 받으셨습니다. 그때나 지금이나 식구라야 어머니와 저 둘뿐입니다. 당연히 제가 간병인이자 보호자 노릇을 해야 합니다. 다른 선택지는 없었습니다.

어머니와 저는 성격이 비슷합니다. 강 대 강, 그래서 우리의 새삼스런 공존이 조금은 불안했습니다. 실제로 처음엔 소소한 충돌이 몇 차례 있었습니다. 그러면서 우린 점차 서로에게 익숙해졌습니다. 자연스레 역할분담도 이루어졌습니다. 이젠 객쩍은 농담마저 주고받는 사이가 됐습니다. 우리, 특히 저는 평화로운 지금 우리 집 풍경에 가끔 놀라곤 합니다.

따지고 보면 저 역시 돌아온 탕자입니다. 저 먼 곳에 혹시 뭐가 있을까 집을 나가 밖으로만 떠돌다가 지쳐 돌아온 못나고 못된 아들이었습니다. 어머니는 그래도 그런 저를 반가이 맞아 주셨고 품어 주셨습니다. 성대한 잔치는 없었지만 따뜻한 밥을 매일 챙겨 주십니다. 제가 어머니를 모시러 들어왔다지만 기실 어머니께서 절 데리고 사시는 셈입니다.

이런 저를 친구들은 참 부러워합니다. 특히 부모님이 모두 돌아가신 친구들이 더 그렇습니다. 그들은 모두 같은 말을 합니다. 어머니 살아 계실 때 잘하라고. 그 말의 뜻을 잘 헤아립니다. 조용필의 노래도 같은 맥락 같습니다. 공연히 다른 것에 한 눈 팔며 헛된 짓만 일삼고 먼 곳만을 떠돌다가는 정작 소중한 걸 놓치게 될 것이라는. 그러니까 우리에게 가장 소중한 건 바로 지금, 여기라는.

돌아온 아들이 잘못을 인정하고 회개했는지 성경에는 나오지 않습니다. 하지만 저는 그가 분명 그랬을 거라고 믿습니다. 주님의 가없는 사랑은 우릴 그렇게 만듭니다. 저도 먼 길 떠나려는 사람을 만나면 그렇게 말해 주고 싶습니다. 그곳엔 아무것도 없다고, 소중한 건 바로 당신 옆에 있다고. 그걸 새삼 일깨워 주신 이규원 신부님께 감사드립니다.

토요일의 작은 콘서트

가능하면 토요일 미사에 꼭 참석하려 합니다. 성경통독반에 들면서 미사가 있다는 걸 알게 됐는데, 모임이 끝난 지금도 계속, 순전히 자의적으로 참석하고 있습니다. 한 달에 세 번은 우리 본당에, 셋째 주 토요일에는 돌아가신 아버지 이름을 봉헌한 이승훈 베드로기념관 성당 미사에 갑니다. 그곳에서 그날마다 추모 미사가 열립니다.

토요일 미사는 주일미사와 사뭇 다릅니다. 일단 참석하시는 신자분들 대부분이 여성, 그중에서도 나이 지긋한 분들입니다. 아마 토요일이 전통적으로 성모님께 봉헌된 날이라 그런지도 모르겠습니다. 매월 첫 주 토요일은 성모 성심 미사가 있고 마지막 주 토요일은 티 없이 깨끗하신 성모 성심 기념일입니다.

남성 신자분들도 대게 그 또래의 분들이 많은 편입니다. 주일이 아닌 날 일부러 시간 내 오시는 만큼 그 신심이야 가늠이 어려울 정도일 테지요. 주일미사에 비해 인원수는 적지만 분위기는 한층 더 엄숙하고 진지합니다. 그런 분들과 함께 있으면 저도 덩달아 신심이 깊어지는 것 같습니다. 마음이 꽉 차는 충만함을 느끼기도 합니다.

멋진 파사드 쇼(show)도 볼 수 있습니다. 우리 성당의 대성전은 건물 3층에 있습니다. 맑은 날 미사가 시작하는 오전 10시쯤이면 동편으로 난 창을 통해 찬란한 햇살이 듭니다. 스테인드글라스를 통과하며 색색으로 물든 햇살 조각들은 제단 정면 벽에 걸린 예수님 십자고상 주위에 알알이 맺힙니다. 영락없이 화려한 조명 쇼처럼 보입니다.

인공이 아닌 자연 빛이라 더 신비롭습니다. 그 빛이 예수님상과 겹칠 때는 더욱 그렇습니다. 나무 조각상에 맺히는 연초록 빛은 마치 원래부터 하나의 작품인 것처럼 보이기도 합니다. 커다란 한 그루 나무의 굵은 줄기와 초록 잎의 형상으로 변합니다. 그 모습이 어떤 표징, 혹은 계시처럼 여겨지기까지 합니다.

주일미사엔 20~30여 명쯤으로 구성된 성가대가 봉사를 하십니다. 그러나 토요일 미사엔 딱 한 분이 모든 걸 대신하십니다. 어쿠스틱 기타를 연주하시며 직접 노래를 부르시는 여성 봉사자이십니다. 그야말로 천상의 목소리입니다. 제가 들은 중 가장 맑고 청아하며 고운 목소리입니다. 영성체 후 들려주시는 특송은 가히 토요미사의 하이라이트입니다.

방영애 세실리아. 요즘 보기 드문 인천 토박이시랍니다. 초중고를 다 이 도시에서 나오셨습니다. 학창 시절부터 노래로 이름을 날리셨고, 인천 출신 백영규나 듀엣 유심초 등과도 합주하신 경력이 있다고 하셨습니다. 그 정도로 실력파이십니다. 단독 콘서트를 하셔도 충분하십니다.

그분의 레퍼토리도 상상을 초월합니다. 언젠가 주임 신부님께서 강론 중 천상병 시인의 '소천'이란 시를 언급하신 적이 있습니다. 세실리아님은 그날 특송으로 그 곡을 즉흥적으로 불러주셨습니다. 주임 신부님도 깜짝 놀라 칭찬하셨습니다. 그런 분이 벌써 25년째 우리 부평1동 성당에서 성가 봉사를 하십니다. 대가도 바라지 않으시고.

반석의 사도 베드로께서는 "저마다 받은 은사에 따라, 하느님의 다양한 은총의 훌륭한 관리자로서 서로를 위하여 봉사하십시오(베드14.10)"라 하셨습니다. 주님께서는 방영애 세실리아님께 노래하는 능력을 주셨습니다. 그는 그것을 교회와 우리 신자, 이 세상을 위해 쓰십니다. 그 노랫소리는 우리들의 지친 마음을 달래고 슬픔을 어루만져줍니다.

그 아름다운 노래를 듣기 위해서라도 토요일 미사를 빼먹지 않으려 합니다. 그런 토요일이 기다려지기까지 합니다. 그렇게 헌신 봉사하시는 당신께 예수 그리스도를 통해 전해지는 하느님의 영광(베드14.11 참조)이 돌아갈 것이라 믿어 의심치 않습니다. 당신은 사랑으로 섬기는 사람(갈라 5.13 참조)이 분명하십니다. 늘 감사드립니다.

내 생애 가장 행복한 설

첫 번째 이야기

2024년 설날 아침입니다. 10시 미사에 참석했습니다. 세례받은 지 3년이 다 돼 가지만 설날 미사는 처음입니다. 솔직히 그전까지는 있는지도 몰랐습니다. 매년 주보 안내문을 봤지만 우리같은 사람은 가지 않아도 되는 줄 알았습니다. 그저 주일미사만 잘 챙기면 되지 않나 싶었습니다. 저는 참 여러모로 불량신자입니다.

성전에서 제일 먼저 눈에 띈 건 제단 앞에 놓인 커다란 차례상이었습니다. 온갖 과일과 떡에 화려한 자태의 옥춘사탕까지 풍성하게 차려졌습니다. 그 옆에는 작은 글씨가 빼곡히 쓰인 병풍 같은 게 서 있었습니다. 자세히 보니 미리 신청한 신자분들의 조상님 이름을 적어 놓은 일종의 위패였습니다. 저것도 이제야 알았습니다. 내년부턴 제 아버지 함자도 넣어야겠습니다.

이재학 안티모 주임 신부님은 한복 두루마기를 입고 등장하셨습니다. 멋지게 잘 어울리십니다. 조상들의 넋을 기리는 연도와 분향으로 미사가 시작되었습니다. 새로운 한 해의 시작을 축복하는 자리인 만큼 설 미사는 대체로 밝고 정겨운 분위기입니다. 신부님께서 그렇게 이끄셨습니다. 함께 나누는 평화의 인사도 '새해 복 많이 받으세요'로

마음순례

대신했습니다.

설 미사의 하이라이트는 따로 있었습니다. 미사 끄트머리에 신부님께서 갑자기 세배를 받으라 하십니다. 그냥 농담처럼 하시는 말씀인 줄 알았는데 그게 아닌가 봅니다. 보좌신부님과 수녀님들까지 큼직한 방석을 들고 제단에 오르시더니, 일렬로 서서 우리를 향해 진짜 큰절을 하십니다.

장난처럼 하시는 것도 아닙니다. 큰 소리로 "새해 복 많이 받으세요" 하시며 정말 예를 다 하셨습니다. 맞절을 드려야 마땅한데 성전의 자리는 좁습니다. 신자들은 황망한 마음에 엉거주춤 일어나 고개만 숙일 뿐입니다. 당신들께서 일어서실 때 신자들은 우레와 같은 박수로 감사를 표했습니다. 네 분의 얼굴엔 사랑과 행복의 미소가 환하게 번졌습니다.

놀라운 일은 또 있었습니다. 세배는 우리가 받았는데 세배하신 신부님께서 우리에게 되레 세뱃돈을 주시겠다는 겁니다. 이게 무슨 영문이람. 우리들은 어리둥절할밖에요. 신부님께서는 우리에게 줄 세뱃돈에 하느님의 강복하신 후 성전을 나서는 신자들께 일일이 나누어 주셨습니다. 빳빳한 천 원 지폐 한 장씩이었습니다.

세배는 무릎을 꿇고 엎드려 두 손을 가지런히 모으고 머리를 바싹 조아리는 자세를 취합니다. 가장 큰 예의와 존중하는 마음을 표하는 우리만의 인사법입니다. 그걸 신부님과 수녀님이 우리 일반 신도들에게 몸소 해주신 것입니다. 그것만도 어마어마한 사건인데 세뱃돈까지 챙겨 주셨습니다. 이건 그야말로 '세상에 이런 일이'였습니다.

"이것이 나의 계명이다. 내가 사랑하는 것처럼 너희도 서로 사랑하여라(요한 15.12)"라고 예수님께서는 가르치셨습니다. 어리석은 인간들을 가없이 사랑하시는 분입니다. 그 사랑의 만분의 일, 억분의 일만큼이라도 우리가 서로 사랑한다면 모두가 꿈꾸는 평화의 세상은 곧 현실이 될 것입니다. 하지만 우린 여전히 그러지 못하며 삽니다.

예수님처럼 사랑하는 법을 알지 못하기 때문입니다. 사랑을 받으려고만 하지 도통 제 사랑을 먼저 주려 하지 않아 그렇습니다. 세배하시는 신부님의 모습엔 그걸 일깨워 주시려는 사랑과 정성이 담겨 있는 것 같았습니다. 신부님은 그렇게 예수님처럼 사랑하는 법을 몸소 알려 주시려 했던 건지도 모르겠습니다.

오늘은 저의 육십 번째 설날이었습니다. 아침에 일어날 때만 하더라도 이제 떡국 한 그릇 더 먹으면 꼼짝없이 할아버지가 돼야 한다는 사실이 서글펐습니다. 하지만 미사 후엔 내 생애 가장 행복한 설날이 됐습니다. 나이 드는 게 마냥 끔찍하고 나쁜 것만은 아닙니다. 매일 이렇게 새로운 걸 경험할 수 있으니. 내일은 또 무엇이 기다리고 있을까요. 인생은 참 흥미진진합니다.

내 생애 가장 행복한 설

두 번째 이야기

　작년 설날 우리 성당 신자들은 신부님과 수녀님들의 세배를 받았습니다. 게다가 신부님께선 저희 모두에게 세뱃돈까지 챙겨 주셨습니다. 세배에 세뱃돈까지 얹어 받은 그 기억은 1년이 지나도 생생합니다. 천 원짜리 지폐 한 장이었지만 일억 원 이상 가치가 있습니다. 성경책 갈피에 그 지폐를 고이 끼워 넣어 두었습니다. 평생 쓰지 못할 것 같습니다.

　후다닥 1년이 지나 다시 설이 됐습니다. 미사 가는 길에 그 기억이 떠오릅니다. '혹시 올 설에도?' 하며 슬며시 기대도 생깁니다. 그러다 곧 포기하고 맙니다. 지난여름 유난스런 더위에 거금 들여 성전의 에어컨을 바꾸었습니다. 그 탓에 성당 재정이 상당히 안 좋아졌다고 신부님은 걱정하셨었습니다.

　올 설 미사의 풍경도 다르지 않습니다. 공식순서가 다 끝난 후 신부님은 의미심장한 미소를 지으시며 마이크 앞에 서셨습니다. 그리곤 "올해도 세배 받으셔야지요" 하십니다. 신자분들은 또 술렁였습니다. 작년 상황이 그저 일회성 이벤트가 아니었나 봅니다. 수녀님과 보좌 신부님 이번엔 신학생들까지 올라오셔서 "새해 복 많이 받으세요"라며 또 큰절을 하십니다.

성전 안은 또다시 웃음과 박수 소리로 요란해졌습니다. 세배를 마친 신부님께서는 표정을 바꾸신 후 말씀하셨습니다. "작년엔 여러분들이 세뱃돈을 받으셨지요. 그렇다면 올해는 조금 달라야지 않을까요. 올핸 저희가 세뱃돈을 받겠습니다. 언제 신부하고 수녀님들께 세뱃돈을 줘 보겠어요. 좋은 기회니까 성의껏 주세요. 단 우리는 현금 박치기를 좋아합니다."

이윽고 객석에 빈 바구니들이 돌기 시작했고 여기저기서 유쾌한 웃음꽃이 만발하며 신자분들은 저마다의 주머니를 뒤져 꼬깃꼬깃 쌈짓 돈들을 꺼냈습니다. 그 통이 제 앞에 와 저도 만 원 한 장을 시원하게 쐈습니다. 지난해에는 난생처음 신부님께 세뱃돈을 받아 봤고 올해는 또 그렇게 신부님께 세뱃돈을 드렸습니다. 그 심정이 참 묘했습니다.

신부님은 나름대로 계획이 있으셨던 것 같습니다. 작년에 우리에게 주신 세뱃돈은 일종의 밑밥(?)이었고, '내가 한번 주었으니 이번엔 너희가' 하는, 소위 기브 앤 테이크(Give & Take) 전략이었나 싶습니다. '천 원 받았으니 나도 딱 그만큼만' 하는 분은 별로 없을 터, 종잣돈의 몇 배가 돼 돌아올 것이란 것을 미리 예상하셨는지도 모릅니다.

만약 그것까지 짐작하신 거였다면 우리 신부님은 장사를 아시는 분이십니다. 성직자가 아니었다면 아마 사업가로 크게 성공하셨을지도 모릅니다. 신부님께선 "좋은 곳에 잘 쓰겠습니다" 하셨습니다. 굳이 그런 말씀 하지 않으셔도 우린 그렇게 믿습니다. 신부님이 새삼 멋져 보이십니다. 종들에게 돈을 맡기고 여행을 떠난 주인이 저런 모습이었을까요.

긴 여행을 다녀온 주인은 준 돈을 더 불린 하인들을 칭찬하지만 그걸 땅에 숨겨뒀다가 처음 그대로 내놓은 하인을 야멸차게 내쫓습니다. 돈도 그러려니와 그는 주인을 일러 "심지 않는 곳에서 거두고 뿌리지 않은 데서 모으는 사람"이라 합니다. 가진 것마저 다 빼앗기고 내쫓긴 그는 지금도 어둠 속에서 울고 있을지도 모릅니다(마태 25.14-30 참조).

물론 예수님께서 진짜 돈을 가리켜 그렇게 말씀하시지는 않았을 것입니다. 저는 그게 믿음이 아닐까 생각합니다. 주신 믿음으로 기도하고 묵상하며 더 큰 믿음으로 만들라는 그런 가르침 말입니다. 신부님이 의도도 같은 것은 아니었을까요. 지난해 받는 즐거움을 알려 주시고 올해는 나누는 행복을 또 깨닫게 하기 위한 고도의 전략, 그런 것 말입니다.

새해를 맞아 어려운 이웃을 위해 돈을 갹출하자고 하셨어도 신자들은 십시일반 했을 터입니다. 하지만 신부님께서는 좀 더 기발하고 재밌는 발상으로 기꺼이 모두가 그 행렬에 동참하게 하셨습니다. 1년간의 장기 프로젝트, 그 정성이 참 대단합니다. 진심 존경합니다. 우리 안티모 주임 신부님께서 새해, 정말 큰 복 받으시기를 기도합니다.

어머니의 비밀 정원

벚꽃이 활짝 피었습니다. 과거엔 일본의 나라꽃이라 해서 싫어하는 사람도 많았는데 지금은 명실공히 대한민국 봄의 전령사가 됐습니다. 벚꽃 축제도 전국 방방곡곡에서 열립니다. 3월 말에서 4월 초 사이에 개화하곤 했는데, 최근엔 들쑥날쑥한 날씨 때문에 그 시기를 가늠하기 어려워졌다고 합니다. 전국의 축제 담당 공무원들은 그래서 애가 탄다지요.

주위를 둘러보니 벚꽃만이 아닙니다. 붉고 흰 목련, 노랑 개나리, 자주색 철쭉 등이 저마다 고운 자태를 뽐내며 피어났습니다. 키 작은 민들레 꽃과 동전만 한 들국화도 수줍게 머리를 내밀었습니다. 그렇게 사방 천지가 온통 꽃의 향연입니다. 눈이 즐거워집니다. 기분이 좋아집니다. 꽃은 그렇게 우릴 행복하게 만드는 마력이 있습니다.

꽃은 우리 집에도 만발했습니다. 볕 잘 드는 남향 베란다는 미니식물원을 방불케 합니다. 온갖 꽃들이 만발했습니다. 그중 백미는 군자란입니다. 어머니의 설명에 따르면 우리 집에 온 지 30년이 넘었다고 합니다. 그때부터 지금까지 해마다 봄이면 우아하고 찬란한 주황빛 꽃 수십 송이를 활짝 피웁니다. 그 향기마저 고상합니다.

마음순례

야생화와 야생초도 함께 자랍니다. 특별히 손대지 않아 제멋대로 자란 야생화 꽃대는 제법 키가 큽니다. 어머니도 그 이름을 모르십니다. 빈 화분에 홀씨가 날아들어 스스로 자릴 잡은 거라 하셨습니다. 클로버 화분도 그렇습니다. 일부러 씨를 구해 심은 것도 아닌데 저렇게 제 스스로 날아들어 잘 자라며 때마다 푸른 잎과 예쁜 꽃을 피웁니다.

그곳은 어머니만의 은밀한 정원이자 거룩한 성소입니다. 화분 하나하나에 소중한 생명이 깃들어 있습니다. 그걸 본 분들은 한결같이 감탄하십니다. 저렇게 잘 키우는 비결이 뭐냐고 묻는 분도 있습니다. 저도 그런 게 있는 것 같은데 도통 알 수 없었습니다. 분갈이를 자주 하시는 것 같지도 않고 영양제도 남들 주는 만큼만 주십니다.

그저 시간에 맞춰 물을 주고 가끔 햇볕을 향해 화분 방향을 바꿔주시는 외엔 없어 보이는데, 화초들이 알아서 저리 잘 자라는 게 참 신기합니다. 가정집에서는 키우기 어려운, 아니 키울 생각도 하지 않을 야생초와 야생화까지 대를 이어 새 생명을 틔우는 건 논리적으로 설명할 길이 없습니다. 그러니 어머니는 가히 조경계의 마이더스 손이십니다.

언젠가 저도 직접 여쭤본 적이 있었습니다. 어머니는 "그저 사람 대하듯 하면 되더라"고 하셨습니다. 그러고 보니 물을 주실 때 어머니는 화초들과 은밀한 대화라도 나누시는 것 같았습니다. 무슨 얘긴지는 몰라도 그 행복한 표정만으로도 미루어 짐작은 할 수 있었습니다. 그 앞에서 하는 기도도 같은 맥락일 터입니다.

'사람 대하듯'이란 말씀이 마음에 닿았습니다. 미물일지라도 생명은 사람처럼 존귀하게 대해야 한다는 말씀 같습니다. 사람의 아들을 자처하신 예수님께서는 당신 스스로를 '생명'이라 하셨습니다(요한 14.6 참조). 또 "나는 양들이 생명을 얻고 또 얻어 넘치게 하려고 왔다(요한 10.10)"시며 생명을 지키고 구하는 것이 당신의 사명임을 말씀해 주셨습니다.

모든 생명은 존귀합니다. 나뿐 아니라 다른 모든 생명을 소중하게 대해야 마땅합니다. 어머니는 한낱 화초에게도 사람 이상의 사랑을 주십니다. 그들은 또 번성하는 모습으로 그 사랑에 답해 줍니다. 그런 사랑은 책임감이 있어야 하는 것 같습니다. 그를 위해서라면 모든 것을 다 바칠 수 있다는, 반드시 그러리라는 투철한 정신 혹은 자세 말입니다.

어머니께서 진작 예수님 품에 들지 않으신 건 참 아쉽습니다. 그래도 어머니는 예수님의 생명 사랑을 몸소 실천하고 계십니다. 그런 분의 아들로 태어나, 그리스도인을 자처하면서도 그 생명력 강하다는 선인장마저 말려 죽이는 저는 도무지 대책 없는 인간입니다. 우리 어머니는 실로 놀랍고도 대단한 분, 저는 그런 당신을 사랑하고 또 존경합니다.

눈물의 의미

복 되신 동정 마리아 신심 미사의 날입니다. 하느님의 뜻에 자신을 내맡기신 성모님을 기리고 축복하는 예식입니다. 마리아님은 예수님을 낳으셨을 뿐 아니라 오로지 그를 위하고 그 중심의 삶을 사셨습니다. 당신 아니었던들 우린 예수님을 뵙지 못했을지도 모릅니다. 가톨릭교는 많은 기도와 축일을 정해 그린 성모님을 공경하는 마음을 표현합니다.

저를 신앙으로 이끈 계기도 몇 년 전 한여름에 만난 순백의 마리아님이었습니다. 우연인 듯했지만 그건 이미 그렇게 되도록 일찍이 계획된 역사 같습니다. 그날이 없었다면, 그날 그 자리에서 그 마리아님을 뵙지 못했다면, 오늘의 저는 없었을 수도 있습니다. 저와 제 아버지의 성인이신 안드레아 꼬르시니 주교님께서 그러셨던 것처럼.

신부님의 복음과 강론이 끝나갈 무렵, 제 바로 앞자리 여성 신도분의 어깨가 조금씩 들썩거립니다. 움직임이 조금씩 더 커집니다. 고개 숙여 연신 손가락으로 눈 주위를 찍어 내는 걸 보니 우시는 것 같았습니다. 종국에는 '끄윽끄윽' 안으로 내리누르는 듯한 울음소리까지 내십니다. 저와 주위 분들은 당황한 눈길로 그를 쳐다봅니다.

그가 왜 우시는지는 알 수 없습니다. 불현듯 병을 앓거나 곤경에 처한 가족이 생각나서였을 수도 있고, 당신이 몸소 겪는 불행이 서러워서 그럴 수도 있습니다. 기도 중 마리아님이나 예수님을 실제로 뵙고 흘리는 환희의 눈물이었을 수도 있습니다. 하지만 그분의 울음에는 기쁨보다는 뭔가 아픈 감정이 배어 있는 듯했습니다. 제 경험상 그랬습니다.

남자는 세 번만 울어야 한다는데 저는 성당 다니면서 바보처럼 참 많이 울었습니다. 미사 중에, 성경 읽다가, 기도문 외는 중에, 성가 듣다가. 뭐가 그리 서럽고 슬픈지 못난 중년 남자의 눈물샘은 도무지 조절되지 않았습니다. 미사에 갈 때 손수건부터 꼭 챙기는 버릇은 그래서 생겼습니다. 하도 그러다 보니 남몰래 우는 방법까지 터득했습니다.

인간은 눈물을 흘립니다. 눈을 보호하고 청결하게 유지하기 위해 본능적으로 눈물을 만들고 흘립니다. 감정의 변화가 울게도 만듭니다. 슬프고 아프고 외롭고 힘들 때는 물론, 기쁘고 행복하고 감동이 벅차오를 때도 우린 웁니다. 동물들도 눈물을 흘리지만 그게 인간처럼 감정의 변화 때문인지는 아직 밝혀지지 않았습니다.

그렇게 한바탕 눈물을 흘리고 나면 가슴이 후련해지고 머릿속이 맑아지는 느낌을 받곤 합니다. 카타르시스라고 합니다. 일종의 배설작용입니다. 몸 안에 쌓였던 나쁜 감정의 찌꺼기들이 눈물과 함께 씻겨 나오는 것 같습니다. 제가 그즈음 유독 눈물이 많았던 것은 제 안에 그런 안 좋은 것들을 너무 많이 쌓아 두었기 때문일지도 모릅니다.

그래서 지금 제 앞에서 우는 저분의 속마음을 알 것도 같습니다. 그 눈물과 울음소리엔 북받치는 무언가가 새겨져 있습니다. 아마 당신 자신에게 혹은 주변에 좋지 않은 일이 있는 것 같습니다. 이럴 때는 주위 사람도 참 안타깝습니다. 도움이 되고 싶은데, 힘을 드리고 싶은데 할 수 있는 게 없어 더 그렇습니다.

예수님께서도 우셨습니다. 라자로의 주검 앞에서(요한 11.35 참조), 예루살렘에 드리운 멸망의 그림자를 목도 하시고(루카 19.41 참조), 아버지 하느님께 기도와 탄원을 올리시며 우셨습니다(히브 5.7 참조). 예수님께선 오롯이 이 땅의 사람들을 위해 눈물을 흘리셨습니다. 사람들을 너무 사랑하시어, 그들이 너무 안타깝고 불쌍해서.

제 앞에서 우는 저분을 보니 저도 또 코끝이 아려옵니다. 그 옆자리의 여성 신자께서 화장지를 꺼내 건네줍니다. 두 분은 두 손을 맞잡고 잠시 서로를 마주 봅니다. 함께 기도하듯 깍지를 끼웁니다. 그리고는 결국 누가 먼저랄 것도 없이 부둥켜안고 함께 웁니다. 아, 그걸 보고 있던 제 **뺨**도 기어이 뜨겁게 젖어 듭니다. 눈물은 전염됩니다.

카페 '숨'

주일미사에 낯선 신부님이 오셨습니다. 젊은 분이었는지라. 목소리에서도 힘이 느껴집니다. 송원석 베드로 신부님. 인천교구 가톨릭아동청소년재단 일을 한다고 자신을 소개하십니다. 그 이름처럼 위기상황에 처한 아이들과 청소년을 위한 여러 가지 사업을 하는 재단이라합니다. 요즘 사회가 꼭 필요로 하는 일을 하시는 분이구나 생각했습니다.

지난주에 주임 신부님께선 성당 1층에 있는 '나눔터'를 리뉴얼해 카페를 내겠다고 발표하셨습니다. 요즘 커피숍이 정말 많이 생겼습니다. 우리나라 국민들은 참 많이 커피를 좋아하나 봅니다. 편의점에서도 아메리카노를 파는 지경인데, 이젠 성당에까지 카페가 생긴다니, 솔직히 처음엔 그게 좀 의아하긴 했습니다.

원래 신자들의 쉼터이자 소통의 장소였습니다. 거기서 봉지커피를 직접 타 먹곤 했는데 이젠 돈 내고 아메리카노를 먹어야 하나 싶어 아쉽기도 했습니다. 그런데 오늘 알게 된 베드로 신부님이 거기 사장이라고 자신을 마저 소개하십니다. 이건 또 무슨 영문일까 저를 비롯한 신자들은 일제히 궁금한 표정을 지었습니다.

마음순례

카페 이름은 '숨'. 신부님 설명에 의하면 그건 '하느님의 숨결'이란 뜻도 되고 거기 오는 모든분들이 '한숨' 쉬고 가시라는 뜻도 있다고 하셨습니다. 매장 안내 배너에는 '믿음과 희망의 숨'이라 쓰여 있었습니다. 메뉴는 물경 20여 가지, 시내 유명 커피숍에 절대 뒤지지 않았습니다. 그런데 메뉴판엔 가격이 적혀 있지 않습니다.

모든 음료는 무료입니다. 대신 성의껏 후원금을 내면 된다고 하셨습니다. 바텐에 있는 작은 나무상자가 후원금 모금함이었습니다. 주임 신부님은 "제일 저렴하다는 빽다방 정도는 내야 하지 않겠어요" 하셨습니다. 드시고 싶은 걸 골라 드시고 계산은 내 맘대로, 이른바 가격 자율제입니다. 현역 신부님이 직접 운영하시는 성당 카페다운 경영방식이었습니다.

카페에서 일하는 직원들은 모두 혈기방장해 보이는 젊은이들입니다. 젊다고 하기에도 뭐한, 그보다 훨씬 앳돼 보이는, 열아홉에서 스물넷 이하의 초보 성인들이라 합니다. 나이는 찼으나 아직 자립이 어려운, 보호시설에서 막 퇴소했거나 위기 가정의 청년들이라 했습니다. 우리가 내는 커피 값은 그들의 홀로서기를 위한 기금으로 쓰인다고 하셨습니다.

아직 부모로부터 사랑받으며 더 자랄 나이에 아무 준비도 없이 사회로 덜컥 내몰린 친구들이랍니다. 한 아이를 낳고 기르는 것만큼 성스러우며 고귀한 일은 없습니다. 그런데 제 배 아파 낳은 아이를 비정하게 방치하고 손찌검하고 내버리고 심지어 그보다 더한 짓도 서슴지 않는 부모가 있다는 것입니다. 그런 그들을 도대체 어찌 이해해야 할까요.

그렇게 거리로 내몰린 아이들을 '가정 밖 청소년'이라 부른답니다. 가정 안에 있어야 할, 그 가정의 주인이자 보물이어야 할 아이들이 그 밖을 떠도는 건 큰 비극입니다. 만약 그 아이가 어리석은 부모 탓에 제 재능을 발휘하지 못한다면 이는 국가적인 손실이기도 합니다. 우리는 그들을 보호하고 양육할 의무가 있고 아이들은 그걸 누릴 권리가 있습니다.

자녀는 하느님의 선물입니다(시편 127. 3 참조). 그러므로 아이들의 기를 꺾지 않도록 들볶지도 말고(골로 3. 21 참조), 성내게도 하지 말며 오직 주님의 훈련과 훈계로만 가르치라(에베 6.4 참조)고 이르셨습니다. 그런 아이들을 저렇게 만든 부모들은 이미 부모로서의 자격을 상실했을 뿐 아니라 주님의 말씀을 정면으로 거역하는 죄인인 셈입니다.

그런 친구들이 베드로 신부님 같은 분을 만난 건 천만다행입니다. 신부님의 사역은 아이들은 물론 모두를 위한 숭고한 투자입니다. 카페 '숨'의 바리스타들은 앞으로 더 멋진 어른으로 성장해 갈 것입니다. 지금 우리 할 일은, 자주 카페에 들러 음료를 마시고 빈 박스를 현금으로 꽉꽉 채워주는 것뿐입니다. 불면의 밤은 전혀 두려워 말고.

나의 인생 이발관

저는 전형적인 **뻗침** 머리입니다. 드라이어로 힘주어 누르지 않으면 어느새 부스스 일어납니다. 가뜩이나 남들보다 커다란 머리통에 머리카락까지 제멋대로 **뻗치면** 그야말로 '대갈장군'이 따로 없습니다. 다루기 까다로워서인지 아직 마음에 들게 머리를 깎아 주는 곳을 찾지 못했습니다. 그래서 머리가 덥수룩해질 때면 고민이 많아집니다.

어느 날 당장 머리를 깎아야 할 일이 생겼는데 집 가까운 곳에 문을 연 곳이 없었습니다. 다급히 찾아다니다가 우연히 간판 하나가 눈에 들었습니다. 매번 지나치기만 하던 상가 건물 2층입니다. 다른 상호는 없고 그냥 빨갛고 커다란 글씨로 '모범업소 이발관'이라고만 쓰여 있었습니다. 왠지 무언가 있을 것 같다는 느낌다운 느낌이 확 왔습니다.

철문을 열고 들어가 보니 실내는 7~80년대쯤을 재현한 드라마 세트장 같습니다. 흔한 이발소 그림과 직접 찍은 듯한 사진이 여러 장 걸려 있습니다. 남자 이발사분과 여성 면도사께서 저를 맞아 주십니다. 두 분 다 연배가 높아 보이십니다. 두 노장의 여유로운 표정과 몸짓에선 대가의 아우라가 선명합니다. 은은한 스킨향마저 빈티지합니다.

이발 의자에 앉아 풍경을 한번 더 둘러봅니다. 사진 중에 세미누드도 있습니다. 이발사님의 작품 같습니다. 두 분은 부부인 듯 아닌 듯 겉으로만 봐선 그 관계가 아리송합니다. 궁금한 게 참 많은데 아무것도 물을 수 없습니다. 두 분의 강렬한 기세, 특히 이발사님의 압도적인 카리스마에 제가 그만 눌린 모양이었습니다.

특히 가위질하실 때의 몰입감은 대단합니다. 굳게 다문 입, 잔뜩 찌푸린 미간 레이저라도 나올 것 같은 형형한 눈빛. 거기엔 머리카락 한 올이라도 놓치지 않겠다는 강인한 의지가 깃들어 있습니다. 그 손길은 더없이 섬세하고 치밀합니다. 그 모든 것이 성스러워 보이기까지 합니다. 도무지 제가 끼어들 틈이 없어 보입니다.

어떻게 해 드릴까, 묻지도 않습니다. 묵언 중에 그냥 자리에 앉아 모든 걸 내게 맡기라고 하시는 것 같습니다. 그렇게 숨이 멎을 듯한 팽팽한 긴장감 속에 2~30분쯤 지났습니다. 가운을 풀며 거울을 보니 그 안엔 반듯한 사관학교 생도 머리를 한 남자가 있습니다. 제가 평소에 동경하던 톰 크루즈 스타일입니다. 드디어 찾았습니다. 제 인생 이발관.

사람은 일을 합니다. 기본적으로 일은 생계의 수단입니다. 일을 해야 그에 마땅한 수입이 생기고 그것으로 자신과 가족들이 먹고 또 삽니다. 일은 관계의 연장이기도 합니다. 사람들은 일하며 사회적 관계를 맺고 그 안에서 소속감과 안정감을 느낍니다. 자아실현 혹은 존재감 증거의 도구라는 이들도 많습니다. 일을 통해 내가 살아 있음을 증명한다는 겁니다.

일은 인간의 숙명입니다. 주님께서 인간을 창조하시고는 에덴동산을 일구고 돌보는(창세 2.15 참고) 일을 주셨습니다. 아담과 하와가 뱀의 꾐에 넘어가 금단의 열매를 따 먹은 후에는 흙으로 돌아갈 때까지 얼굴에 땀을 흘려야 양식을 먹을 수 있는(창세 3.19 참조) 형벌을 받았습니다. 사도 바오로는 일하지 않으려면 먹지 말라고도 했습니다(테살 3.10 참조).

좋아하는 일을 업으로 삼은 사람들은 행복합니다. 그러나 그런 사람들은 많지 않습니다. 저 노장 이발사께서도 젊으셨을 땐 사진작가를 꿈꾸었을 터입니다. 하지만 지금은 남의 머리를 깎아 주십니다. 내켜 하지 않았을지도 모를 그 일을 하면서도 그는 혼신의 힘을 다합니다. 그래야 합니다. 무엇이건 내 선택에 최선을 다해야 합니다. 자신의 일을 사랑해야 합니다.

우연히 찾아간 이발소에서 뜻밖의 행복과 인생의 길을 찾았습니다. 가성비로는 따라올 곳 없습니다. 등잔 밑이 어둡다더니 한 동네입니다. 괜히 먼 길 돌아온 것 같아 시간이 아깝기까지 합니다. 앞으론 여기만 다녀야겠습니다. 두 분이 그렇게 일하시는 모습만 봐도 저는 마음 든든합니다. 두 분이 오래도록 그 자리를 지켜 주시기를 기도하겠습니다.

아기강림대축일

　성령강림대축일입니다. 예수님께서 부활하시고 승천하신 후 성령이 사도들과 마리아께 내려오심을 기념하는 날입니다. 미사는 다른 주일과 큰 차이가 없으나 전반적으로 더 엄숙하면서도 사뭇 기쁜 분위기입니다. 신자분들도 다른 주일보다 더 많이 오셨습니다. 인류를 구원하시려는 예수님의 사명이 완성된 참 의미를 되새겨 보는 자리는 그렇게 빛나고 있었습니다.

　신부님께서 성찬 축성을 하실 때였습니다. 제 앞쪽 어딘가에서 아기 소리의 외침 소리가 들려왔습니다. 미사 전 젊은 부부가 아기를 포대에 감싸 안고 들어오는 걸 본 게 생각났습니다. 잠들었던 녀석이 깬 모양이었습니다. 한창 미사 중이라 행여 울기라도 하면 어쩌나 싶었는데, 다행히 그러진 않았습니다. 의젓한 아기인 모양입니다. 어떤 녀석일까, 문득 궁금해졌습니다.

　미사 막바지, 신부님께서 강복을 내려 주시려는데 급한 일이 있으셨는지 앞자리에 앉으셨던 신도 두어 분이 먼저 빠져나가셨습니다. 모든 신도들이 일어나 있는 그때 그 틈 사이로 아까 성전에 울려 퍼진 함성의 주인공이 모습을 드러냈습니다. 제 앞에 앞 좌석에서 아빠의 널찍

한 등 위로 햇님처럼 반짝이는 아기의 얼굴이 두둥실 떠올랐습니다.

아직 돌도 채 되지 않아 보였습니다. 꼬슬꼬슬한 배냇머리에, 고개 가누기도 버거운 듯 아빠의 어깨에 푹 기대있습니다. 뽀얗게 젖살 오른 두 뺨에 까만 두 눈이 동그랗게 반짝입니다. 고사리 같은 손으로 아빠의 옷깃을 꼭 쥐고 있습니다. 그 모습이 얼마나 예쁘던지 아, 오늘은 성령과 아가가 함께 오신 아기강림대축일이기도 했습니다.

생각해 보니 정말 오랜만이었습니다. 그렇게 어린 아기를 실제로 본 게. 특히 우리 사는 동네처럼 오래된 원도심에서 고만한 아기 보기란 야산에서 산삼 찾기만큼 어려운 세상이 됐습니다. 언젠가부터 버스 안이나 극장처럼 사람 많이 모이는 곳에서도 아기들 우는 소리는 더이상 들리지 않습니다. 인구절벽에 노시소멸까지 회자되는 판입니다.

지금은 다른 성당으로 가신 현명수 바오로 주임 신부님께서 이런 세태를 한탄하신 적이 있습니다. 강론 중에 사람들이 결혼을 하지 않으려 하고, 결혼을 해도 아이를 갖지 않는다고 쓴소리를 하셨습니다. "왜 아기 태우고 다니라는 유모차에 개를 태우고 다니는 겁니까. 아기를 낳지 않으려는 것도 죄입니다. 그것도 아주 위중한 죄, 혼나도 싼 죄."

하느님께서는 모든 만물을 창조하신 후 가장 마지막으로 인간을 만드셨습니다. 당신을 닮은 사람의 형상을 빚어 숨을 불어 넣으시니 그 모습이 참 좋으셨습니다. 그에게 이렇게 명하셨습니다. "자식을 많이 낳고 번성하여 땅을 가득 채우고 지배하여라. 그리고 바다의 물고기와 하늘의 새와 땅을 기어다니는 온갖 생물을 다스려라(창세 1.28 참조)."

인간이 후손을 많이 낳고 번성하게 하는 것은 하느님께서 내리신 첫 번째 명령이자 인간으로서의 당연한 의무입니다. 그걸 지키지 못하면 주님의 분노로 다른 생물을 다스릴 권한마저 빼앗으실지도, 모든 풀과 과일나무에서 나는 양식까지 거두어들이실지도 모를 일입니다.

세상 살기가 너무 팍팍하다 보니 아이 낳는 것을 두려워하는 젊은 이들이 점점 더 많아지는 것 같습니다. 대를 잇고, 세상을 번성하게 하는 건 내가 아니라 다른 사람의 몫으로만 생각하나 봅니다. 그렇게 인구는 하염없이 줄어들고 있습니다. 출산을 국민 의무의 하나로 삼아야 한다는 주장마저 제기됩니다. 그게 그저 허황하게만 들리지 않습니다.

아이를 참 좋아합니다. 아이들 돌보기도 잘합니다. 예전 제 친구들 아이들은 제가 다 업어 키웠습니다. 하지만 정작 전 아이와 인연이 없었습니다. 어느덧 제 나이 예순, 이젠 다 포기해야 합니다. 압니다. 이런 처지의 제가 출산이 어쩌니 입에 담는 것은 어불성설입니다. 그저 무릎 꿇고 통렬히 반성할 일입니다. 하느님 제 죄를 벌하여 주소서.

참 선한 나의 이웃

토요일 아침, 느지막이 깨어 휴대전화부터 살핍니다. 부재중 전화가 한 통 있습니다. 모르는 번호입니다. 같은 번호 문자 메시지도 왔습니다. '어제 지갑을 주웠는데 전화를 받지 않으셔서 문자 드립니다.' 화들짝 놀라 재킷이며 바지 주머니를 뒤져 봅니다. 늘 갖고 다니는 명함 지갑이 없습니다. 간밤에 한산하고 집에 오다 어디 떨어뜨린 모양입니다.

시간이 조금 일러 9시가 넘기를 기다렸다가 문자 메시지를 보냈습니다. '아 감사합니다. 어디신지 말씀해 주시면 찾으러 가겠습니다.' 회신은 금세 왔습니다. '산곡동 경남아파트입니다. 언제 오실까요.' 저와 같은 아파트입니다. 숨도 안 쉬고 대답했습니다. '저도 같은 아파트 4단지에 삽니다. 지금 가도 될까요?' '아, 그러시면 지금 관리실 앞으로 나가겠습니다.'

냉큼 그곳으로 갔습니다. 잠시 후 키가 훌쩍 큰 남성분이 성큼성큼 걸어오십니다. "혹시, 지갑 주인이세요?" 반가운 마음에 손이라도 잡을뻔했습니다. 잃어버렸던 지갑이 온전히 제 손으로 돌아오는 순간이었습니다. 내용물도 그대로입니다. 정말 고마웠습니다. 저는 미리 준비해 간 봉투를 건넸습니다. 미리 약간의 사례비를 넣어 왔습니다.

현금을 드리는 게 썩 내키지 않았지만 이른 시간이라 달리 방법이 없었습니다. "아니, 이런 걸 왜." 그분은 두 눈을 동그랗게 뜨며 진심 당황하시는 표정을 짓습니다. 제가 연거푸 권하자 마지못해 받으셨습니다. 저는 몇 번이고 감사의 인사를 드렸습니다. 참 맑고 선한 분이라는 생각이 들었습니다. 생김새며 행동거지며 말투가 다 그랬습니다.

사도 바오로는 로마인들에게 "다른 민족들이 율법을 가지고 있지 않으면서도 본성에 따라 율법에서 요구하는 것을 실천하면, 율법을 가지고 있지 않은 그들이 자신들에게는 율법이 됩니다(로마 2,14)"라 하셨습니다. 따로 정해 놓은 법이 없어도 양심에 따라 행하면 그게 곧 율법이란 말씀일 것입니다. 그리스도인이라면 의당 그래야 합니다.

어질 량(良)에 마음 심(心) 자, 양심은 어질고 선한 마음입니다. 그런데 그런 마음은 온전히 타인을 향한 것입니다. 남에게 그리 베풀기 위해서는 자기 자신에게는 엄격하고 혹독해야 합니다. 자기가 한 행동에 대해 옳고 그름, 선과 악을 뚜렷이 구분할 줄 알아야 합니다. 욕망을 자제하고 인내할 줄 알아야 합니다. 그런 사람에게 법은 굳이 그 필요가 없어집니다.

양심이 사라지고 있다는 탄식이 점점 더 커지고 있습니다. 사람들은 이기적인 욕망에 빠져 제 양심을 너무나 쉽사리 저버리곤 합니다. 허위와 기만, 꼼수와 반칙이 난무합니다. 양심을 지키고 그에 따라 사는 사람들이 그렇지 않은 사람들에게 상처받고 피해 보는 게 일상이 됐습니다. 악인과 죄인이 득시글했던 소돔과 고모라가 이랬을까 싶기

마음순례

까지 합니다(창세 13.13 참조).

내가 양심을 지키지 않으면 다른 누군가는 피해를 보게 마련입니다. 전에도 지갑이나 휴대전화를 잃어버린 적이 있었습니다만 이번처럼 되찾아 본 적은 한 번도 없었습니다. 분명 누군가가 주웠을 텐데 단 한 번 연락조차 없었습니다. 세상이 다 그러려니 했는데, 그게 다는 아니었습니다. 그 선한 이웃 덕분에 이제야 그걸 알게 됐습니다.

사마리아 사람들은 온갖 천대와 멸시를 받았습니다. 어느 날 어느 사마리아인이 강도를 당해 길에 쓰러져 있는 한 유대인을 끝까지 구호합니다. 그 이전에 레위인과 제사장까지 모른 척 그냥 지나쳐 버린 터였습니다. 어떻게 해야 영원한 생명을 얻느냐는 질문에 예수님께서는 그 사마리아인처럼 하라고 말씀하셨습니다(마태 10.30-37참조).

오늘 만난 그 선한 이웃이야말로 그런 분입니다. 미사 시작 전에 감사했다는 문자 메시지를 따로 보냈습니다. 얼른 답이 옵니다. '아닙니다. 주신 돈은 어려운 이웃을 위해 잘 쓰겠습니다.^^' 역시 제 생각이 옳았습니다. 그는 법 없이도 살며, 그러지 말라 해도 남을 도우실 분이었습니다. 그분을 위해 기도하겠습니다. 그런 분과 이웃인 것만으로도 행복합니다.

허송세월

존경하는 김훈 선생님께서 신작을 발표하셨다는 소식입니다. 곧바로 서점으로 달려갔습니다. 이번엔 산문집입니다. 〈남한산성〉이나 〈칼의 노래〉처럼 묵직하고 강렬한 주제 의식이 돋보이는 소설로 유명한 분이지만 〈라면을 끓이며〉나 〈연필로 쓰기〉 등에서 보여 주신 자유분방하며 유려한 문장의 산문도 참 재미있게 읽힙니다.

신간의 제목은 〈허송세월〉, 특별히 하는 일 없이 시간을 흘려보낸다는 말입니다. 선생님의 오랜 팬으로서 당신이 그러실 거라 생각하진 않습니다. 24시간 촉각을 곤두세워 글감을 찾고, 뭐라도 찾으면 앞뒤 맞추어 문장을 만드는 작업은 결코 녹록하지 않습니다. 게다가 선생님은 여전히 연필로 쓰신답니다. 그러실 틈이나 있을까요. 겸손의 수사였을 테지요.

첫 장을 폈습니다. 도입부의 제목은 '늙기의 즐거움'. 나이 들면서 점점 더 많아지는 부고를 받을 때의 심정부터 풀어 놓으십니다. 48년생이니 올해로 일흔여덟. 백세시대라 해도 결코 적은 나이는 아닙니다. 그래서인지 행간 사이사이에서 차분하다 못해 약간은 느슨하고, 심지어 처연함마저 엿보이는 듯합니다.

마음순례

전작 소설에 흘러넘치던 웅혼하고 장대한 기백이, 그 '김훈스러움'
이 잘 보이지 않습니다. 아끼는 등산 장비를 후배들에게 나누어 주고
"나는 이제 높은 산에 오르지 못한다"고 고백하는 대목에선 제가 다 울
컥해집니다. 다섯 번째 글 '보내기와 가기'에서 그 이유를 알았습니다.
2년 전 심장 질환으로 '시술'을 받고 열흘가량 입원하셨다고 하십니다.

여덟 번째 글 '다녀온 이야기'에선 당시의 상황을 조금 더 자세히
설명해 주십니다. 코로나 재난으로 병실이 모자라 유별난 남자 셋과
한방을 썼으며 어느 날 스스로 죽었다고 생각들만큼 깊은 혼수상태
에 빠졌을 때 저승 같은 곳에 가 심판자로부터 당신이 쓴 언어에 대
해 혼쭐이 났다고 하셨습니다. 그게 실화처럼 너무 생생했다고도 술
회하셨습니다.

그 후 퇴원해 호수공원에 산책나갔다가 '두 다리로 걷는 일의 복됨'
을 알게 되었고 옆에 핀 꽃을 보며 '이걸 모르고 먼 데를 헛되이 헤매
고 있었구나'를 새삼 깨달았다고 하셨습니다. 사람이 그렇습니다. 평
소엔 그 고마움을 잘 모릅니다. 두 다리로 걷는 즐거움, 작은 꽃이 주
는 감동 따위. 죽을 만큼 고생한 후에야 겨우 사소하지만 소중한 것들
이 눈에 드는 법입니다.

사도 바오로는 인간들이 스스로 지혜롭다고 자처하지만 생각이 허
망하고 우둔해 마음이 어두워져 실은 바보가 되었다(로마 1. 21-22
참조)고 한탄하셨습니다. 사람들은 저마다 자신이 세상의 중심인 줄
압니다. 그 잘난 맛이 영원할 줄 압니다. 고난과 역경, 심지어 죽음마
저도 자신만은 비껴갈 것으로 믿습니다. 그건 그러나 대단한 착각에

불과합니다.

"세상이 창조된 때부터, 하느님의 보이지 않는 본성, 곧 그분의 영원한 힘과 신성을 조물을 통하여 알아보고 깨달을 수 있게 되었습니다(로마 1. 20)." 주님께서는 우리에게 사리를 분별할 수 있는 능력과 이성을 주셨습니다. 하지만 어리석은 인간들은 스스로 눈을 가리고 마음에 장막을 드리웠습니다. 지혜로운 척만 하는 바보가 되고 말았습니다(로마 1. 21-22 참조).

우리가 겪는 시련과 고통은 그런 불의와 우둔함에 대한 형벌입니다. 하느님께서 내리는 진노이며 격분입니다(로마 2.8-9 참조). 그러고 나서야 후회하며 회개하는 척이라도 하는 게 인간입니다. 김훈 선생님 같은 분도 그러셨다니 하물며 우리 같은 소인배들이야. 아마 우린 끝까지 아무것도 모르는 채 고 천방지축으로 살다가 최후를 맞을지 모릅니다.

선생님께선 공원에서 햇볕 쬐는 걸 허송세월이라고 하셨습니다. 기껏 두어 시간 남짓이라면서요. 그 시간에도 생각은 많으시다면서요. 그게 어찌 허송이겠습니까. 더군다나 빛과 볕이 좋아지신 건 다 내 몸이 시켜서, 그게 지금 꼭 필요해 그러시는 건데, 절대 허송이 아닙니다. 더 오래 만끽하셔도 좋습니다. 그래서 더 건강하시길, 그럼으로서 더 많은 이야기를 들려주시기를, 빛의 하느님께 기도드립니다.

의심은 의심을 낳고

술을 끊었습니다. 단칼에, 매우 단호히. 없던 습관이 생겼습니다. 일단 식욕이 왕성해졌고 식성이 확 바뀌었습니다. 밥은 잘 안 먹히고 군것질이 자꾸 당깁니다. 이제껏 살아오며 제 돈 주고 과자 사 먹어 본 적이 없었는데 요즘은 일상처럼 편의점을 드나듭니다. 사무실 책상 서랍과 집안 곳곳에 온갖 종류의 군것질거리들이 숨겨져 있습니다.

밀가루 안 좋다는 말을 듣고는 뻥튀기나 땅콩 같은 견과류를 즐겨 먹습니다. 잠시라도 입 쉴 틈이 없습니다. 업무 시간에도, 퇴근해 집에서도 계속 뭔가를 씹고 삼키고 앉았습니다. 그나마 운동이라도 하지 않았으면 큰일 날 뻔했습니다, 요즘처럼만 먹으면 단기간에 초고도 비만이 되고도 남을 지경입니다.

엊그제 저녁 운동에 나섰을 때 아파트 단지 입구에 땅콩 트럭이 서 있는 게 보였습니다. 그동안 눈, 비가 번갈아 오는 통에 며칠 보이지 않았는데 참 반가웠습니다. 아몬드와 고구마튀김을 한 봉지씩 샀습니다. 그걸 들고 걷기 번거로워 집에 돌아가 현관 입구 우편함에 넣어 두었습니다. 양심의 나라 대한민국인데 설마 누가 가져갈까 싶었습니다.

빙판과 물웅덩이 때문에 운동시간이 조금 길어졌습니다. 집에 돌아와 우편함을 열었는데, 어라, 안이 텅 비었습니다. 그새 누가 가져가 버린 모양입니다. 누굴까, 생각이 많아졌습니다. 용의자 리스트는 금방 차고 넘쳤습니다. 그 주변에서 목격한 모든 이가 의심스러웠지만 고작 주전부리 두 봉투 때문에 소란을 피울 수는 없었습니다.

다음 날 성당에 가며 메모지를 우편함에 붙였습니다. '어제 여기에서 고구마튀김과 아몬드 가져가신 분 되돌려 주십시오. CCTV 확인하겠습니다.' 그러고 나서 미사를 보는데 뭔가 찜찜했습니다. 신부님 말씀도 귀에 들어오지 않았습니다. 나중에야 왜 그런지 알았습니다. 우리 집은 1305호인데 다른 집 우편함에 문제의 봉투를 넣었었다는 생각이 퍼뜩 떠올랐습니다.

그분들이야 자기 집 우편함에 뭐가 들어 있으니 고맙게도 누군가 선물한 것으로 여겼을 수도 있었습니다. 순전히 제 실수였으면서도 저는 덮어놓고 손 탔다며 덜컥 의심부터 한 것입니다. 미사 끝나자마자 얼른 달려갔습니다. 그 사이 그 메모를 읽은 모양입니다. 고구마와 아몬드가 사라질 때 모습 그대로 우리집 우편함에 돌아와 있습니다.

"의심하는 사람은 바람에 밀려 출렁이는 바다 물결과 같습니다. 그러한 사람은 주님에게서 아무것도 받을 생각을 말아야 합니다(야고 1,6-7)." 물론 예수님을 의심하는 자에게 하신 말씀입니다. 그러나 그건 뭇사람에 대한 믿음과도 이어집니다. 그렇게 남을 의심하는 인간은 아무 자격이 없습니다. 그런 자에게 줄 선물 따위가 있을 리도 만무합니다.

마음순례

포장지는 하나도 뜯기지 않았습니다. 먹으려고 가져간 게 아닌 건 분명했습니다. 그런 분을 잠시나마 의심한 저는 참 대책 없는 인간입니다. 그분들은 또 그들대로 얼마나 기가 차고 억울하셨을까요. 게다가 그 문제의 메모지도 그 집 우편함에 떡하니 붙여 놨습니다. 저는 그렇게 한심하고 어리석은 인간입니다.

자기 집 호수를 헷갈린 건 실수라 쳐도 공개된 장소에 그런 걸 놔둔 것부터 잘못입니다. 그러면서도 덮어놓고 남부터 의심한 건 더 나쁩니다. 도대체 왜 그럴까요. 저는 왜 그리 매사가 부정적이고 삐뚤어져 있는 걸까요. 왜 그렇게 사람을 못 믿고 모든 걸 색안경을 쓰고 보는 걸까요. 이 못된 버릇을 어쩌면 좋을까요.

의심은 의심을 낳고 급기야 고립을 자처힐 뿐입니다. 그거야 세 살 아기도 아는 온 세상의 진리입니다. 그걸 나이 육십에 새삼 깨달았습니다. 이젠 정말 잊지 않겠습니다. 가슴에 새기겠습니다. 그나저나 이제 저는 우리 집 호수도 헷갈립니다. 이건 치매의 전조일까요, 금주로 인한 금단현상일까요. 이래저래 맥 빠지는 주말입니다.

한 박자 쉬고 숨도 쉬고

북성동에서 점심 약속이 있었습니다. 차이나타운으로 유명한 동네지만 그에 못잖다는 기사식당엘 갔습니다. 다양한 메뉴 중 동태탕이 특히 좋다고 했습니다. 과연 명성 그대로였습니다. 맛있게 식사를 하고 다시 사무실로 돌아오는 길, 경인전철을 타고 주안에서 내려 인천 2호선으로 갈아타려고 계단을 내려가고 있었습니다.

신나게 묵주기도를 외우며 내려가는데, 갑자기 묵직한 무언가가 퍽 하며 제 등을 쳤습니다. 그리고는 아주 잠시 정신을 잃었습니다. 다시 눈을 떠 보니 저는 계단 아래 차가운 맨바닥에 널브러져 있었습니다. 제 뒤에서 누군가의 신음소리가 들려왔습니다. 돌아보니 초로의 아저씨 한 분이 저와 비슷한 자세로 누워 계십니다.

그제야 상황이 그려졌습니다. 그분이 계단을 뛰어 내려오다 뒤에서 저를 가격하고 둘이 함께 몇 계단을 날아 떨어진 것입니다. 충격이 상당했습니다. 그분이 먼저 일어나 "괜찮아요? 일어나 봐요" 하십니다. 꼼짝도 못 할 지경인데 일어나라니, 저는 순간 화가 났습니다. '뭐라시는 겁니까'라고 쏴붙였습니다. 그럴 기운은 남았나 봅니다.

"아, 미안합니다. 제가 저 위에서 다리가 꼬이는 바람에 그만, 많이

마음순례

아프시죠?" 이런 경우 적반하장으로 나오는 경우도 많다 들었는데 그런 분은 아닌 것 같았습니다. 불가항력이었을 터, 저도 전에 그렇게 스텝이 꼬여 곤욕을 치러 본 적이 있습니다. 그런데다 저렇게 먼저 사과하시니 저는 그만 머쓱해졌습니다. 저도 억지로 일어섰습니다.

"선생 아니었으면 큰일 날 뻔했어요. 중간에 막아줘서 그나마 내가 덜 다쳤지 뭡니까. 고맙습니다." 감사 인사를 하십니다. 은인이라고까지 하시는 그런 분께 벌컥 성질부터 부렸으니, 저는 참 못난 인간입니다. 낯부끄러워 그분 얼굴도 제대로 볼 수 없었습니다. 어디 크게 다친 것 같지도 않았습니다. 건네주시는 전화번호를 받고는 곧바로 헤어졌습니다.

집에 와 살펴보니 어깨와 무릎에 빨갛게 멍 자국이 생겼습니다. 팔을 올리기 힘들었고, 무릎을 제대로 펼 수 없었습니다. 그래도 병원까지 갈 정도는 아닌 것 같았습니다. 마침 엊그제 잘 아는 대선배님께서 발명하셨다는 '기적의 신약' 샘플을 받아 둔 게 있었습니다. 타박상이나 근육통에 특히 좋다고 했습니다. 약 뿌리고 하룻밤을 보내보자 했습니다.

다음날 멍 자국은 파랗게 선명해졌지만 통증은 훨씬 줄었습니다. 뼈에는 이상이 없는 게 분명했습니다. 놀라 뭉쳤던 근육도 많이 풀어졌습니다. 통증은 금빙 나아졌습니다. 멍도 빠르게 빠졌습니다. 엉뚱하게도 기적의 신약에 새삼 눈길이 갔습니다. 효험이 있는 것 같았습니다. 대박 나겠다는 예감이 강하게 들었습니다.

문자 메시지를 보냈습니다. 크게 이상 없는 것 같으니 걱정 마시라고, 그날 너무 놀라 결례를 범한 걸 사과드린다고. 잠시 후 장문의 답장이 왔습니다. 당신은 갈비뼈 2대가 골절돼 꼼짝없이 입원해 치료 중이라 하십니다. 저도 당해 봐 압니다. 그거 참 고약하게 아픕니다. 연세도 칠십이 훨씬 넘으셨다는데 얼마나 고통스러우실까 걱정이 들었습니다.

마지막엔 "건강과 평강이 함께하길" 하며 축복의 인사도 잊지 않으십니다. 개신교도의 인사말입니다. 그 말씀처럼 참 선하고 바른 분이셨습니다. 그런 분께, 게다가 한참 어른뻘인 분께 맥락 없이 화부터 내며 무례하게 굴었으니 저는 참 여러모로 모자라고 고칠 데 많은 자입니다. 기적의 신약은 몸뚱이가 아니라 제 정신과 영혼에 더 필요했습니다.

"모든 사람이 듣기는 빨리하되, 말하기는 더디 하고 분노하기도 더디 해야 합니다. 사람의 분노는 하느님의 의로움을 실현하지 못합니다(야고 1.19)." 인간이니 언제든 분노할 수 있습니다. 다만 그걸 밖으로 끄집어내는 건 한 박자 쉬고, 숨도 쉰 후에 해도 늦지 않습니다. 화가 난다 싶으면 아예 자리를 피하고 봐야 합니다. 아니면 눈 질끈 감고 기도부터 드리거나.

대한민국 육상 꿈나무

현관문 손잡이에 종이봉투 하나가 매달려 있습니다. 택배는 아닙니다. 봉투 위쪽에 '안녕하세요. 1405호입니다. 맛있게 드세요'라는 손글씨 메모가 쓰여 있습니다. 바로 윗집에서 주시는 선물인가 봅니다. 탐스럽게 익은 청포도 두 송이가 들어 있습니다. 어머니께 보고드렸더니 "참 맛 있겠구나" 하시며 좋아하십니다.

다소 뜬금없어 보이는 선물에는 다 이유가 있습니다. 그 집 손자가 주는 것이나 다름없습니다. 얼마 전에 엘리베이터에서 직접 마주친 적이 있습니다. 네댓 살이나 됐을까, 할머니와 어디 다녀오는 모양이었습니다. 신나게 뛰논 끝인지 땀범벅에 얼굴은 발그레 상기 됐는데도 아직 기운이 남아 엘리베이터 손잡이에 매달려 장난치고 있었습니다.

제가 13층 버튼을 누르니 할머니께서 몇 호에 사느냐 물으십니다. 1305호라 하자 "아, 죄송해요. 우리 애 때문에 시끄러우시죠? 사내 녀석이라 얼마나 힘이 넘치는지, 정말 죄송합니다" 하셨습니다. 우리 집 바로 윗집 사는 가족이었습니다. 가끔 쿵쾅거리며 아이 뛰는 소리가 들렸는데 그걸 말씀하시는 것 같았습니다.

조금 거슬리긴 했어도 저는 참을 만했습니다. 혹시나 해서 어머니께 여쭤봤더니 '그게 다 사람 사는 소리'라며 대수롭지 않게 말씀하십니다. 매일 그러는 것도 아니었습니다. 아마 그 녀석이 할머니 집에 오는 날이 따로 있는 듯했습니다. 물론 명절엔 하루 종일 그러는 날도 있기는 했지만 그리 심각하진 않았습니다. 저는 다 괜찮다며 안심시켜 드렸습니다.

아이 할머니는 그래도 미안한 마음이 남았나 봅니다. 그 심정이 초록초록 잘 익은 청포도 두 송이에 오롯이 담겨 있습니다. 벌써 두 번째입니다. 지난 설 명절 때는 아이 아빠가 직접 만두며 전 따위가 가득 담긴 보따리를 선물로 주셨습니다. 그러시지 않으셔도 되는데, 자꾸 받는 제가 외려 더 황송했습니다.

생각해 보면 요즘 아이들이 참 안 됐습니다. 우리 때야 골목이며 동네 공터가 다 놀이터였습니다. 그땐 친구들과 형들과 동생들까지 온 동네를 누비며 즐겁게 뛰어놀았는데, 요즘 아이들이 어디. 나와 노는 아이들 보기가 하늘의 별과 같습니다. 한창 뛰놀 나이에 힘은 남아도는데 시간도 없고 놀 데도 없으니 집안에서라도 그렇게 뛸 밖에요.

사도 바오로께서는 콜로세의 아버지들을 향해 "아버지 여러분, 자녀들을 들볶지 마십시오. 그러다가 그들의 기를 꺾고 맙니다(콜로 3.21)" 하셨습니다. 한창 크는 아이들은 솟구치는 에너지를 발산해야 합니다. 그걸 마냥 참게하고 억누르라고만 하면 아이들은 병이 생길지도 모릅니다. 180cm까지 커야 하는데 160cm에서 성장을 멈출 수도 있습니다.

그렇게 기죽이지 않고 아이들을 건강하게 키우고 싶은데 현실은 전혀 그렇지 못합니다. 그래서 참 안타깝습니다. 아이들의 기를 살려 주기 위한 부모들의 의욕이 이웃과의 불화와 갈등을 부르기도 합니다. 전 국민의 절반 이상이 아파트에 사는 시대의 서글픈 단면입니다. 이런 것도 아이 낳기를 주저하는 젊은이들의 심리에 한몫하지는 않을까요.

아이 키우기를 얘기할 때 빠지지 않는 아프리카 속담이 있습니다. 아이 하나를 키우려면 온 마을이 나서야 한다는. 바로 지금 대한민국에 필요한 교훈이 아닐까 합니다. 갈 곳 없는 아이들이 혹 집안에서 좀 뛰어도 어른들이 조금 더 참고 못 들은 척 덮어 줘야 하지 않을까요. 물론 그것이 너무 지나쳐 사생활에 지장을 받을 정도까지는 아니어야겠지만요.

청포도를 입에 넣는데 윗집에선 단거리 경주가 시작됩니다. 오, 일곱 발 만에 거실 가로지르기에 성공합니다. 10발 정도 뛰어야 했는데, 그새 키가 더 컸나 봅니다. 발자국 소리도 묵직하니 몸무게도 그만큼 는 것 같습니다. 우리 윗집에는 미래의 육상스타가 무럭무럭 자라고 있습니다. 녀석이 육상 불모국의 새로운 희망으로 쑥쑥 크기를 기도합니다.

미남대전

첫 번째 이야기

오랜만에 친구 셋이 모였습니다. 정한이와 찬용이 그리고 저까지입니다. 오전에 만나 계양산에 올랐습니다. 오래 못 봤으니 할 말이 많을 법도 한데 우리 또래 남자들이 대개 그렇듯 데면데면합니다. 정한이는 오래 누워계신 어머니가, 찬용이는 파리만 날리는 가게와 고3 되는 아들이 걱정입니다. 그에 비하면 저는 참 평화롭게 사는 축에 듭니다.

점심은 정한이 동네 순댓국집으로 정했습니다. 입에 침을 발라가며 칭찬을 하는 통에 다른 델 추천할 엄두도 내지 못했습니다. 오후 2시가 넘어 식당은 한산했습니다. 넋 놓고 TV에 빠져 계시던 여사장님께서 황급히 우리 일행을 맞아 주십니다. 곱창전골과 소주를 주문했습니다. 최근 비주류(금주)로 전향한 저는 그냥 물이나 마시기로 합니다.

음식이 나오고 술이 몇 순배 돌아간 후에야 말문들이 트입니다. 속에 담아둔 얘기들이 술술 쏟아져 나옵니다. 다른 친구들 근황이며 옛날 학창 시절 추억, 요즘 관심사 따위를 두서없이 떠듭니다. 오래전부터 산에 재미 들인 정한이는 각종 등반정보를 풀어냅니다. 찬용이는 요즘 배운다는 사교춤 얘기에 신이나 시범까지 보일 태세입니다.

화제가 떨어져 갈 무렵, 찬용이가 느닷없이 자기 달라진 거 없냐며

마음순례

얼굴을 들이밉니다. 얼굴에 알알이 박혀 있던 점이며 기미 같은 걸 싹 뺐답니다. 그러고 보니 허여멀건 하니 깨끗해진 듯도 싶습니다. 그는 나이 먹을수록 추레해 보이지 않아야 한다며 한껏 턱을 치켜듭니다. 그걸 가만히 보던 정한이가 갑자기 사장님을 호출합니다.

"사장님 우리 셋 중 누가 제일 어려 보여요. 그냥 솔직히 순위 한번 매겨봐요." 이른바 미남대전이 벌어진 참입니다. 졸지에 심사위원이 되신 사장님께선 날카로운 눈매로 후보 셋을 살피셨습니다. '훗~' 저는 속으로 비웃었습니다. 술 끊고 운동 많이 해 얼굴 좋아 보인다는 소리 자주 듣던 터입니다. 겉으로는 "에이~ 애들도 아니고" 하면서도 내심 1등을 자신했습니다.

그런데 그 결과는 뜻밖이었습니다. 찬용이 1등, 저 2등, 정한이 3등 이었습니다. 저는 애써 태연한 표정을 잃지 않았지만 속으론 이게 아닌데 당황스러웠습니다. 찬용이의 성형발(?)에 밀렸습니다. 이의를 제기할까 하다 참았습니다. 꼴등 정한이는 "돈이 좋네. 돈 들여 점 뺀 효과가 있구만" 했습니다. 애초부터 그리될 줄 알았다는 듯 초연한 표정입니다.

하느님께서는 명령을 거역한 사울을 임금 자리에서 내치시고 이사 이의 아들 중 하나를 그 자리에 앉힐 계획을 세우셨습니다. 하느님을 대신해 그들을 민나러 간 사무엘에게 하느님은 말씀하십니다. "겉모습이나 키 큰 것만 보아서는 안 된다. 나는 이미 그를 배척하였다. 나는 사람들처럼 보지 않는다. 사람들은 눈에 들어오는 대로 보지만 주님은 마음을 본다(사무16.7)."

그렇습니다. 어리석은 인간들은 외모를 보고 남을 판단합니다. 그런 연구결과도 많습니다. 소위 메라비언의 법칙이란 것이 대표적입니다. 앨버트 메라비언 교수의 연구결과 응답자들의 55%가 사람의 외모를 보고 상대방의 이미지를 판단했다고 합니다. 목소리나 말의 내용은 그에 한참 미치지 못하는 것으로 나타났습니다.

　요즘은 더 합니다. 사람들은 외모 가꾸기에 저마다 열심입니다. 수술까지도 마다하지 않습니다. 그렇게 하면 타고난 생김이야 바꿀 수 있겠지만 그 내면까지 바꿀 수 없습니다. 훤칠한 미모를 갖추고도 말투나 예의가 그에 따라가지 못하면 그것처럼 우스운 것도 없습니다. 그래서 하느님은 외모가 아니라 내면을 보신다고 하셨을 것입니다.

　찬용이는 과학기술의 혜택을 톡톡히 보았습니다. 레이저로 점을 뺐습니다. 그리고 1등을 차지했습니다. 친구가 즐거워하는 모습이 저는 썩 달갑지 않습니다. 억울하기까지 합니다. 그깟 술자리 내기가 뭐라고 그리 예민하냐 하시겠지만 저는 저대로 속사정이 따로 있습니다. 이걸 세상 끝날까지 비밀로 하려 했지만 아무래도 털어놔야겠습니다.

미남대전

두 번째 이야기

찬용이의 별명은 '양키'입니다. 백인 남성을 속되게 이르는 말입니다. 그만큼 키가 훤칠하게 크고 코도 오똑한 서양형 미남이란 소리입니다. 나이가 들었어도 바탕은 어디 가지 않습니다. 거기에 현대의술로 점까지 뺐으니 순댓국집 여사장님께서 후한 점수 주실 만도 합니다. 그래도 이번 경연은 '미남'이 아니라 '동안' 뽑기였습니다.

정작 제가 분했던 이유는 또 있습니다. 몇 차례 말씀드린 대로 요즘 몸 관리에 신경 많이 썼습니다. 하루 3시간 이상 꼭 걷고, 식사량도 줄였습니다. 그러다 보니 체중이 많이 빠졌습니다. 많게는 7~8kg 가까이 준 것 같습니다. 해 보신 분은 아십니다. 우리 나이에 다이어트하면 얼굴하고 하체부터 빠집니다. 저라고 다를 바 없었습니다.

열심히 운동하니 하체는 변함이 없는데, 얼굴 볼살 빠지는 건 막을 수 없었습니다. 안 그래도 광대뼈가 튀어나오고 미간에 주름이 잡혀 무섭다, 화났냐 소릴 많이 들었는데, 살 빠지고 나니 그 부위들이 아예 푹 꺼져 보였습니다. 팔자주름이 특히 문제였습니다. 턱 밑까지 굵은 계곡이 났습니다.

아직 몇 년 더 사회생활 해야 하고, 특히 학교 강의도 계속해야 하는

데 할아버지처럼 보일 수는 없었습니다. 마침 병원 마케팅 일을 했던 후배가 있었습니다. 그에게 제 고민을 털어놓으니 그게 뭐 대수라는 듯 '주사 몇 방'이면 된다며 병원까지 소개해 줍니다. 신도시에 있는 병원입니다. 지인 찬스 쓰면 DC해 줄 거라며 원장님께 전화까지 넣어줍니다.

병원은 일부러 숨기라도 한 듯 대형상가건물의 후미진 곳에 자리 잡고 있었습니다. 들어가 보니 대기환자들이 꽤 많습니다. 의사 선생님보다 먼저 만난 실장님은 자기 얼굴을 홍보용으로 내놓으신 것 같았습니다. 각종 시술과 수술의 흔적이 역력했습니다. 물론 예뻤습니다. 그만 보고도 믿음이 생겼습니다. 굳이 상담까지 할 필요가 없었습니다.

바로 수술대에 올랐습니다. 역사적인 회춘의 시간은 그리 오래 걸리지 않았습니다. 2~30분 정도? 병원에 오기까지 고민하고 주저주저했던 거에 비하면 허망할 정도로 짧은 시간이었습니다. 회복실에서 나와 처음 거울을 본 순간 화들짝 놀랐습니다. 아직 양 볼에 붓기가 선명했습니다만 분명 주름은 없어 보였습니다.

마치 땅에 생긴 웅덩이에 흙을 갖다 메운 것처럼 감쪽같이 평평해졌습니다. 양쪽 볼에 살이 오른 것이 소위 '부(富)티' 나 보이기까지 했습니다. 족히 10년은 젊어 보였습니다. 대만족이었습니다. 투자한 보람이 있었습니다. 보는 사람들마다 찬사를 쏟아낼 게 분명했습니다. 그럴 때를 대비해 멘트까지 준비해 다음 날 출근했습니다.

그런데 뭔가 이상했습니다. 아무도 달라진 저를 알아보지 못합니다. 정말 단 한 분도 없었습니다. 딱 한 분, 부시장님께서 절 보시더니

"어? 너. 싸웠냐?" 하십니다. 아직 푸르둥둥 남은 멍 자국 때문입니다. 그게 다였습니다. 어쩌면 저렇게들 무심하고 무감각할까 서운함이 들 정도였습니다. 지인들이 그 정도니 순댓국집 사장님이야.

임금 선발대회는 계속 이어졌습니다. 먼저 본 아들 중엔 눈에 드는 이가 없었습니다. 다들 인물은 좋았으나 왕이 될 상은 아니었습니다. 그 시간에 홀로 들에 나가 양 치던 막내 다윗을 보고서야 사무엘은 무릎을 쳤습니다. 그에게 기름을 부어 줍니다. 그러자 하느님의 영이 그에게 들이닥쳤습니다(사무 16. 5-13 참조). 하느님도 그에게 만족하신 것입니다.

그러면 다윗은 키도 작고 못생겼을까요. 아니었습니다. 그는 볼이 불그레하고 눈매가 아름다운 잘생긴 아이였습니다(사무 16. 17 참조). 미남인 데다가 마음까지 꽉 차 있으니 그야말로 갖출 건 다 갖춘 자입니다. 외모는 중요하지 않았지만 결과는 그랬으니, 전혀 그렇기만 한 건 또 아닌 것 같습니다. 다시 병원을 찾아가 AS를 청해야겠다고 마음먹은 건 그래서였습니다.

엄마의 마음

올겨울은 유난히 춥습니다. 눈도 많습니다. 살인적인 여름 더위에 겨울은 그 반대일 거라 예상은 다들 했지만 이건 좀 심하다 싶습니다. 밖에서 운동하는 시간이 많아선지 몰라도 추위에는 얼마만큼 자신 있는 저도 속수무책이었습니다. 제가 이 정도면 다른 분들은 더 할 것입니다. 삼한사온도 무색해지고 따뜻한 햇살이 언제였더라 가물가물하기만 합니다.

설 연휴도 그랬습니다. 올 설날은 29일 수요일, 연휴는 화요일부터 시작됐습니다. 중간에 낀 월요일이 약간 어설퍼졌습니다. 그러자 정부는 고맙게도 그 날을 임시휴일로 정해 주었습니다. 주말까지 합치니 6일이나 놉니다. 31일 하루만 휴가 내면 장장 9일 동안 빨간 날입니다. 말 그대로 황금연휴입니다. 그런데 날씨는 참 추웠습니다.

그래도 국민들은 한결 여유롭게 설 연휴를 맞았습니다. TV 화면으로 해외여행 떠나는 분들을 보며 문득 그런 생각이 들었습니다. 이 나라 정부와 국민들의 정신력은 정말 대단하구나, 대통령 없어 나라는 혼란 그 자체인데도 정부는 알아서 척척 임시휴일을 정해 주고, 국민들은 평정심을 잃지 않고 저렇게 일상을 즐기는구나.

마음순례

그렇게 풍요롭고 행복한 명절을 즐기는 다른 쪽에는 여전히 힘겹고 외롭게 긴 시간을 견디는 분들도 있습니다. 나라에서 베풀어 주는 무료급식이나 보살핌 서비스 따위가 끊기는 분들입니다. 평소보다 이럴 때 그런 분들에게 관심을 더 기울여야 하는데 명절 분위기에 휩쓸려 그러지 못합니다. 그저 안타까울 뿐입니다.

　연휴가 막 시작된 27일 저녁무렵이었습니다. 날씨가 변화무쌍했습니다. 눈과 비가 번갈아 왔습니다. 기온이 조금 올라가는 듯하다가 해가 기울면서 뚝 떨어졌습니다. 저녁나절엔 찬 바람이 쌩쌩 불며 길바닥을 꽁꽁 얼렸습니다. 사람들은 잔뜩 옷섶을 여민 채 조심조심 길을 걷습니다. 운동을 끝내고 집으로 돌아가는 저도 그랬습니다.

　우리 동네 슈퍼마켓 사거리는 평소보다 더 붐빕니다. '명절은 명절이구나'하며 길을 건너려는데 제 반대쪽 찻길에 노인 한 분이 엉거주춤 서 계시는 게 보였습니다. 한 손엔 지팡이를, 다른 손엔 큼지막한 쇼핑 봉투를 드셨습니다. 아주 조그마한 체구의 할머니입니다. 길은 미끄럽고 자동차 행렬이 이어지면서 오도 가도 못하시는 것 같았습니다.

　잠시 주저하다 할머니께 다가갔습니다. "짐을 들어 드릴까요?" 하자 할머니는 기다렸다는 듯 봉투를 주십니다. 할머니를 에스코트하며 천천히 길을 건넜습니다. 허리가 잔뜩 굽으신 데다가 관절도 좋지 않으신 듯, 걸음걸이가 무척 힘겨워 보였습니다. 왕복 2차선이었는데도 길 건너는 시간이 꽤 걸렸습니다.

　길 건너 아파트 단지에 사시는 분이었습니다. 길만 건너드릴 요량이었는데 그냥 돌아설 수 없어 집까지 모시기로 했습니다. 가는 길에 혼자 사시냐 물었더니 그렇다고 하십니다. 다른 식구들은 어디 있냐 물으니 아들은 공무원이고 서울 사는데 이번 설엔 못 온다고 하더라 하십니다. 아들 얘기가 나오니 목소리에 힘이 잔뜩 들고 자부심이 뚝뚝 묻어났습니다.

집까지 100미터쯤을 15분은 족히 걸렸습니다. 만약 저를 만나지 않으셨다면 그 길을 무거운 짐까지 들고 혼자 오셨어야 할 판입니다. 할머니의 집은 얼핏 온기 하나 없이 썰렁해 보였습니다. 자식을 셋이나 두셨다는데, 그중 하나는 공무원이라는데, 더군다나 다음 날이 설인데, 할머니는 빨래할 세제 한 통을 사러 그 험한 길을 나서신 것입니다.

"젊어서 얻은 아들들은 전사의 손에 들린 화살들 같구나. 행복하여라, 제 화살통을 그들로 채운 사람!(시편 127,4-5)." 그러나 그 주님의 선물들은 그 어머니를 혼자 두었습니다. 화살보다 든든한 아들이 있으면서도 할머니는 이 명절을 홀로 지내야 합니다. 그러면서도 그 어머니는 자식 얘기만 나오면 자랑하느라 침이 마릅니다. 그게 엄마의 마음입니다.

You Only Live Once!

"와 선배님 카드 멋진데요?" 제 신용카드로 대신 밥값 계산한 후배가 감탄합니다. "뭐가?" 공연히 호기심이 동합니다. "이것 보세요. 카드에 멋진 글귀가 있어요." 그렇게 오래 써 왔는데 거기에 그런 게 쓰여 있는지도 몰랐습니다. 그것도 뒷면이 아닌 정면 상단에 제 이름보다 큰 글씨를 여태껏 보지 못했으니 저도 참 어지간히 둔합니다.

"You only live once", 직역하면 '당신은 오직 한 번만 삽니다'쯤 되고, 조금 의역하면 '단 한 번뿐인 당신의 인생' 정도가 될 것 같습니다. 그걸 새삼 발견한 후배는 우린 지금 단 한 번뿐인 인생을 살고 있으니 지금이 중요하다는, 그러니 인생을 즐기라는, 그러려면 카드를 마구 쓰라는 권고 혹은 유혹이라 풀었습니다.

그 의미가 상당히 깊어 보입니다. 철학적이기까지 합니다. 당연한 듯 하지만 평소엔 그저 잊고 지내는 사실을 일깨워 줍니다. 인간은 두 번 살 수 없습니다. 우리 인생은 오직 한 번뿐입니다. 이미 지나온 인생을 되물릴 수도 없고 아쉬우니 덤을 더 달랄 수도 없으며, 그저 한 번 지나가면 그걸로 모든 게 끝입니다. 어찌 보면 우리 인생 참 허무합니다.

두 가지인 것 같습니다. 그러니 우리가 살면서 경험하는 모든 것은 실로 처음 겪는 것이라는 사실, 또 하나는 그러니 매사 신중하고 후회가 남지 않도록 처신해야 한다는 것. 물론 후배의 약간은 장난스런 해석도 전혀 틀린 말은 아닐 터입니다. '노세, 노세 젊어서 노세 늙어지면 못 노나니' 하는 옛노래처럼 말입니다.

요즘 인터넷이나 SNS에는 '태어나 처음'으로 시작하는 글이 많이 눈에 띕니다. 태어나 처음 큰아이 혼사 치러보니, 태어나 처음으로 아버지상(喪)을 치러보니, 태어나 처음 이혼해 보니 등등. 그 정도면 적어도 나이 마흔은 족히 넘었을 텐데도 생판 처음 겪는 일이 천지입니다. 그렇게 우린 모두 우리 인생의 초짜들입니다. 한 번뿐인 인생이라 그렇습니다.

환갑이 됐습니다. 예전 같으면 할아버지 대접받을 나이지만 제게도 여전히 인생은 어렵습니다. 닥치는 모든 상황이 생소하고 당황스럽습니다. 그럴 때마다 사람들에게 조언을 구하고 인터넷을 뒤져 보지만 그에 딱 맞는 처방은 찾기 힘듭니다. 각자의 처지와 상황은 또 모두 제각각인 때문입니다. 그렇게 우린 모두 '한 번뿐인' 인생을 삽니다.

어렸을 때부터 그렇게 배워 왔고 지금도 믿어 의심치 않는 진리나 가치들이 우릴 배신하는 경우를 만나기도 합니다. 정의가 패배하고 악한 자가 더 잘 사는 모습에 우린 배신감에 치를 떱니다. 믿어마지않던 사람에게 당하는 배신은 우릴 더 큰 절망에 빠트립니다. 착하고 진실된 사람이 세상으로부터 배척받을 때 우린 걷잡을 수 없는 혼돈에 빠집니다.

마음순례

의인 욥과 친구들의 대화는 기실 시대를 관통하며 모든 인간들이 흔히 가지는 의문과 그에 대한 답 같습니다. 왜 악인들이 득세하는가, 왜 하느님은 불의에 침묵하시는가. 친구라는 자들은 그것으로 욥을 끊임없이 흔들려 하지만 그는 끝까지 자신의 믿음을 버리지 않습니다. 심판의 날은 반드시 오리라 확신은 더욱 깊어지기만 합니다.

그러면서 이렇게 말합니다. "나의 정당함을 움켜쥐고 놓지 않으며 내 양심은 내 생애 어떤 날도 부끄러워하지 않으리라(욥 27. 6)." 부끄럽지 않다는 말은 후회할 일이 없다는 것과 같습니다. 누구나 그러기를 바라지만 대개의 사람들은 그러지 못합니다. 나이 들수록 후회 또한 늘기 마련입니다. 욥처럼 의로운 삶을 살지 못하기 때문입니다.

저도 마찬가지입니다. 인생을 너무 마구 산 것 같아 참 후회스럽습니다. 뒤늦게나마 하느님 발아래 머릴 조아린 것은 그나마 잘한 일입니다. 그분께 제 모든 걸 바칠 일입니다. "나 너와 함께 있으니 두려워하지 마라. (중략) 내가 너의 힘을 북돋우고 너를 도와주리라(이사야 41.10 참조)." 거기에 You Live only Once까지 더해봅니다. 우린 그분과 함께 단 한 번뿐인 인생을 살고 있습니다.

제4부

걷고 또 기도하며

부평1동 본당 성전의 십자고상.
예수님은 우릴 위해 십자가에 매달려 돌아가셨습니다.
우린 당신의 삶과 죽음을 통해 용기와 희생,
그리고 참된 사랑의 가치를 깨닫습니다.

나를 사랑하는 만큼

아파트 엘리베이터 벽에 작은 대자보가 붙어 있습니다. A4 용지에 매직으로 쓴 손 글씨입니다. 제목은 '3호 라인 담배 냄새 너무 심해요.' 누군가 집안에서 담배를 피워 냄새와 연기 때문에 몹시 힘들다는 내용입니다. 창을 열면 냄새와 연기가 들어오고 닫으면 연기가 방 안에 갇힌다니 참 괴롭겠다 싶습니다. 글쓴이의 바람처럼 나가 피우면 좋으련만.

필적 전문가는 아니지만 아마추어적 시각으로도 그걸 쓴 이는 남성이기보다는 여성일 가능성이 높아 보였습니다. 서체가 전반적으로 동글동글하고 귀여운 느낌이 강했습니다. 나이는 중, 고등학생 정도? 지시형이거나 엄포형이 아니라 '제발' 하며 간절히 청하는 어투로 미루어 보아 그랬습니다.

그 나이의 여학생이 아니더라도 비흡연자에게 담배 연기와 냄새는 정말 괴롭습니다. 40년을 흡연자로 살면서는 전혀 몰랐는데 어느 날 담배를 끊고 나서 저도 숱하게 절감한 사실입니다. 연기는 맵고 냄새는 역겹습니다. 조금 과장하면 그거 맡다가 곧 죽을 거 같습니다. 누군가 저 앞에서 담배를 피우고 있으면 멀찍이 떨어져 빙 돌아갑니다.

저처럼 니코틴에 절은 노인네가 이럴진대 그 연약하고 예민한 어린 학생이 오죽할까요. 저렇게 호소문까지 내다 붙였을 땐 정말 참을 수 없는 지경까지 이르렀을 터였습니다. 그러면서도 이성을 잃지 않고 조곤조곤 할 말 다 하는 저 미지의 학생이 참 귀엽고도 대견했습니다. 그 글을 보면서 한없이 공감했지만 제가 도울 방도가 없어 또 안타까웠습니다.

다음 날 놀라운 일이 벌어졌습니다. 대자보가 도시가스 사용 안내문 위로 떡하니 자리를 옮긴 거였습니다. 엘베 안에서도 가장 눈에 잘 뜨이는 소위 '핫 스폿'이었습니다. 상단엔 '이 쪽지 떼지 않았으면 좋겠습니다'는 댓글도 달려있습니다. 그다음 날엔 응원 댓글이 더 늘었습니다. 어느 분은 가장자리에 별 모양 스티커를 알록달록 붙여 응원합니다.

공동주택에 살면 여러 가지 문제와 직면하게 됩니다. 흡연부터 층간 혹은 벽간 소음, 쓰레기, 주차 등등. 상황에 따라 무척 민감해질 수도 있는 '사악한 문제'들입니다. 예기치 않은 결과와 파국을 부르기는 경우도 있습니다. 서로 조금만 배려하고 조심하면 별거 아닐 수도 있는데 우리의 이기심 때문에 그게 참 어렵습니다.

사도 바오로께서는 교회 모임에서조차 편을 갈라 분열하는 모습을 보이는 코린토 시민들을 도저히 칭찬할 수 없다며 꾸짖으십니다. "그렇지만 여러분이 한데 모여서 먹는 것은 주님의 만찬이 아닙니다. 그것을 먹을 때, 저마다 먼저 자기 것으로 저녁 식사를 하기 때문에 어떤 이는 배가 고프고 어떤 이는 술에 취합니다(제1코린 12.20-21)."

주님을 모신 교회에서조차 이기심을 부리는 인간들 때문에 골치 아팠던 모양입니다. 그로 인해 신도들은 사분오열하고 교회의 권능마저 의심받는 지경에 이르렀습니다. 그래서 그는 "주님의 몸을 분별없이 먹고 마시는 자는 자신에 대한 심판을 먹고 마시는 것입니다(제1코린 12.29)."라고 경고합니다. 이기심은 명백한 죄악이며 종국에는 그 대가를 치를 것이란 말씀입니다.

담배의 해악은 이루 말할 수 없을 정도입니다. 오죽하면 악마의 연기라 할까요. 그걸 피우는 사람 혼자서 감당한다면야 그러려니 하겠지요. 그런데 흡연은 당사자뿐 아니라 그 주변 분들까지 병들게 합니다. 간접흡연 때문입니다. 그 폐해는 익히 알려진 대로입니다. '너 죽고 나 죽자', 담배는 가장 지독한 이기심의 상징입니다.

"둘째도 이와 같다. '네 이웃을 너 자신처럼 사랑해야 한다.'는 것이다(마태 22.39)." 오히려 요즘 사람들에게 더 간절할 예수님의 가르침입니다. '너 자신처럼'이라는 비유에 우린 귀 기울여야 합니다. 모든 사람들이 더도 말고 딱 그만큼만 이웃을 사랑한다면 이 세상은 훨씬 더 평화로워질 것입니다. 그 소녀의 바람이 꼭 이루어지기를 기도합니다.

쓸모와 쓸데

무더위가 기승을 부리는 여름날 오후, 오래 못 보고 지내던 후배가 불쑥 사무실에 찾아왔습니다. 그냥 지나다 들렀다며 시원한 물이나 한잔 달라고 합니다. 목이 말랐던지 건네준 음료수를 단숨에 들이켭니다. 만족한 표정으로 사무실을 둘러보던 후배의 눈길이 한 곳에서 멈춥니다. "선배 왜 저렇게 낡은 가방을 메고 다녀요?"

빛이 바랠 대로 바랜 작은 크로스백입니다. 여기저기 꿰맨 자국도 있습니다. "응 그거? 아버지 유품." 후배는 두 눈을 동그랗게 뜨며 머쓱한 미소를 지었습니다. 그랬습니다. 그건 제 아버지께서 성당 가실 때 성경책을 넣어 메고 다니시던 가방입니다. 아버지께서 영면에 드신 후 덩그러니 벽에 걸려 있었습니다. 그걸 이젠 제가 들고 다닙니다.

가방이라 할 수도 없을 지경으로 낡았습니다. 여기저기 실밥이 터지고 찢어져 있었습니다. 수리점에 가도 그냥 버리라고만 했습니다. 손댈 수 없을 만큼 낡았다는 말입니다. 결국 제가 직접 고쳤습니다. 선물 포장용 얇은 철사를 써서 얼기설기 기웠습니다. 그런데 그렇게 해 놓고 보니 제법 그럴듯해 보였습니다. 원래 그렇게 빈티지스러운 것처럼 말입니다.

그 또래의 한국 여성들이 으레 그렇듯 우리 어머니는 물건을 도통 버리지 않으십니다. 수명 다한 고물들도 그저 쟁여두십니다. 그만 버리시라 성화를 부려도 "그거 잘 놔둬 봐라. 언젠가 꼭 써먹는다" 하시며 꼭꼭 쟁여 놓으십니다. 그런데 희한하게도 어머니 말씀대로 아무 짝에 쓸모없을 거 같았던 물건이 요긴하게 쓰일 때가 있긴 있습니다.

모든 물건은, 심지어 사람도 각자의 쓸모를 갖고 세상에 태어납니다. 쓸모는 쓰일 만한 가치를 이릅니다. 세상을 위해, 다른 누군가를 위해 어떤 용도가 있다는 것입니다. 쓸모는 쓸데가 있어야 진정한 가치를 발현합니다. 쓸데는 쓸모가 실제 쓰이는 곳입니다. 어떤 것들은 애초의 그것과는 전혀 다른 쓸모와 쓸데를 찾아내기도 합니다.

"사실은 하느님께서 당신이 원하시는 대로 각각의 지체들을 그 몸에 만들어 놓으셨습니다. 모두 한 지체로 되어 있다면 몸은 어디에 있겠습니까? 사실 지체는 많지만 몸은 하나입니다. 눈이 손에게 "나는 네가 필요 없다." 할 수도 없고, 또 머리가 두 발에게 "나는 너희가 필요 없다" 할 수도 없습니다(1코린 12.18-21)."

사도 바오로께서는 유다인이나 그리스인이거나 종이거나 자유인이거나 성령 안에서 모두 소중한 존재라는 사실을 강조하셨습니다. 우리의 머리, 손, 발이 다 다른 기능을 하며 조화를 발현하듯 사람들도 저마다의 쓸모가 있고 쓸데가 또 따로 있음을 강조하신 말씀으로 들립니다. 그러므로 그리스도 안에서는 모든 사람들이 평등하며 서로에게 존중받아야 마땅합니다.

아직 제 쓸모가 남아 있었는지 새 직장에 취직했습니다. 다른 친구들은 다들 은퇴를 준비하는 나이입니다. 제 쓸모를 인정해 주시고 쓸 데까지 내어 주신 존경하는 시장님 덕분입니다. 아침마다 출근하며 다짐합니다. 제 쓸모를 다 바쳐 쓸데를 위해 열심히 일하자고. 그것이 야말로 제게 이렇게 소중한 기회를 주신 분에 대한 보은이라고.

저를 쓸데는 또 있습니다. 어머니입니다. 세상천지 어머니와 저 둘뿐, 남편을 먼저 보내고 아들 하나를 가슴에 묻은 분입니다. 팔순의 길목에서 큰 수술까지 받으셨습니다. 그 후유증으로 지금도 거동이 많이 불편하십니다. 그런 분을 홀로 둘 수 없으니 하나 남은 제가 건 강하게 살아 어머니를 끝까지 잘 모셔야 합니다. 그게 제게 남은 가장 중요한 쓸모이며 쓸데입니다.

아버지의 가방처럼 저도 하마터면 폐기처분 될 뻔했습니다. 하지만 그해 여름 마리아님을 뵙게 되면서 제 인생은 조금씩 달라졌습니다. 그 가방 이상으로 너덜거리며 망가졌던 제 몸과 마음을 당신의 아드 님께서 말끔히 고쳐 주셨습니다. 찢어진 곳은 세심하게 꿰매고 구멍 난 곳은 촘촘하게 메꿔 주셨습니다. 그분은 정말 놀라운 수선공이십 니다. 그의 손으로 못 고칠 영혼은 없습니다.

유혹을 이기는 힘

좋아하는 선배님의 모친상이 있었습니다. 퇴근 후 상가를 찾았습니다. 평소 어머니의 건강을 자랑삼아 말씀하시곤 했는데 불의의 사고를 당했는지라 선배님은 많이 슬픈 표정이셨습니다. 지인 몇 분과 한쪽에 자릴 잡고 앉았습니다. 잠시 후 대선배님이 등장하셨습니다. 호탕하고 인자하기로 소문난 분입니다. 얼른 상석에 모셨습니다.

습관처럼 소주 한 잔 권했는데, 웬일인지 거절하십니다. "저번에 술 때문에 된통 혼이 나서"라며 말끝을 흐리십니다. 평소 '내가 지금까지 먹은 소주량만 해도 국제 규격 풀장 하나는 채울 거다'라며 호기롭던 분이었습니다. 갑자기 소심해진 모습에 오히려 저희가 더 놀랐습니다. 거기엔 다 사연이 있었습니다.

두어 달 전 회사 일, 친구들 대소사, 빠질 수 없는 모임 따위가 2주일가량 계속 이어졌답니다. 평소 그답게 한 자리도 빼먹지 않고 참석해, 한 잔도 사양하지 않고 주는 대로 다 드셨답니다. 그러다 급기야 탈이 나 응급실에 실려 가셨답니다. 위중하진 않으나 한동안 입원해야 할 정도였답니다. 그렇게 병원 침대에 멍하니 누워있자니 덜컥 술이 무서워졌다는 것입니다.

저도 만만치 않습니다. 그동안 마신 술은 결코 선배님에 못지않습니다. 두주불사, 저희 아버지께서 그러셨고, 외할아버지도 그러셨습니다. 저는 양가의 친알코올 DNA를 물려받은 것 같습니다. 선천적, 체질적으로 술을 좋아하고 잘 마십니다. 네, 잘 압니다. 그런 건 절대 자랑 아닙니다. 그냥 말이 그렇다는 겁니다. 그래서 선배님 말씀에 유난히 귀 기울여졌다는 말씀을 드리려는 것입니다.

집에 돌아오면서 생각했습니다. 저도 그 선배님처럼 술 때문에 언제라도 큰코 다칠 수 있습니다. 게다가 저는 혼자 몸이 아닙니다. 집엔 연로하고 편찮으신 어머니가 계십니다. 저는 당신보다 오래 살아야 합니다. 그건 의무입니다. 그러려면 건강해야 합니다. 지금까지처럼 술을 마시다간 큰일 날 수 있습니다. 뭔 수를 내야 합니다.

일단 줄여 보기로 했습니다. 단박에 술을 끊으면 주변 분들이 혹 죽을 병 걸렸나 소문날지도 모릅니다. 아직 사회생활을 하는 중이니 피치 못할 자리가 있을 수 있습니다. 그럴 때 빼고는 일절 술을 마시지 말자고 마음 단단히 먹었습니다. 마침 그 주에 약속이 하나도 없었습니다. 좋은 기회였습니다. 마침내 금주를 향한 위대한 여정이 시작된 것입니다.

고백컨대 제겐 불면증이 있습니다. 술을 가까이하게 된 또 하나의 이유입니다. 그럼 그건 어쩌지, 고민 끝에 방법을 찾았습니다. 몸을 피곤하게 만드는 겁니다. 전투적으로 운동하면 될 것 같았습니다. 기왕 해 오던 운동 강도를 높이기로 했습니다. 하루 2만 보 이상 걷기로 했습니다. 2만 보면 15km쯤 됩니다. 쉽지 않겠지만 한번 해 보기로 했습니다.

대선배님의 말씀이 계기가 되기는 했지만 기실 그건 주님의 명령일 터입니다. 사도 바오로의 일갈처럼 저는 그동안 감각 없이 그동안 스스로를 방탕의 구덩이에 몰아넣은 채 살아왔습니다(에페 4.19 참조). 늦었지만 이제부터라도 새롭게 살아야 합니다. 지난날의 생활 방식에 젖어 사람을 속이는 욕망으로 멸망해 가는 옛 인간부터 벗어 버려야 합니다(에페 4.22 참조).

이런저런 핑계를 대지만 술을 가까이하는 것은 유혹에 약하기 때문입니다. 위기, 시련, 고통, 슬픔, 고독 따위를 이기려는 강한 의지가 없어서입니다. 그래서 술을 마시고 정신을 잠들게 하고 현실에서 도망치려 했던 것입니다. 나약해 빠진 인간, 그 이상도 이하도 아닙니다. 하지만 이제 그러지 않아도 됩니다. 제게도 든든한 '빽'이 생겼으니까요.

그렇게 시작한 금주와 운동이 마침내 연속 40일을 넘겼습니다. 숙면에 머릿속도 맑아졌습니다. 이명도 나아졌고, 뱃살도 빠지고, 혈압까지 정상이 됐습니다. 모든 게 너무 좋습니다. 숫자 40의 위력은 사실이었습니다. 예수님께선 그걸 실증하시려 저를 이끄셨나 봅니다. 당신은 정말 놀라운 정신과 전문의이십니다. 술에 찌든 영혼마저 단박에 정상으로 돌려놓으셨습니다.

이승훈 베드로를 위한 기도

　우리나라 최초 가톨릭 세례자인 이승훈 베드로를 기리는 공간이 인천에 생겼습니다. 공원과 기념관, 성전 등이 한자리에 조성되어 있습니다. 2년 전 그 성전의 벽에 봉헌할 후원자를 찾는 소식을 듣고 얼른 신청했습니다. '이한우 안드레아 코르시니', 돌아가신 제 아버지의 함자를 성전 안 추모의 벽에 모셨습니다.

　전체 규모에 비하면 성전은 생각보다 작고 소박합니다. 많아야 100여 분 좀 넘게 앉을 크기입니다. 흰색과 베이지 톤으로 마감하고 오렌지색 조명을 밝힌 실내는 여느 곳보다 한층 따뜻하고 경건한 느낌을 줍니다. 일반의자보다 조금 낮은앉은뱅이 의자에 앉으면 성전의 엄숙함보다는 왠지 모를 편안함을 느낍니다. 제 아버지께서 함께 계시기에 그럴까요.

　매월 셋째 주 토요일 추모 미사가 열립니다. 그날만큼은 우리 본당 토요미사를 포기하고 그곳으로 갑니다. 미사는 이승훈 기념관 건립사업을 총괄해 오신 전광훈 마르코 신부님께서 집전하십니다. 벌써 10년 넘게 그 사업에만 매진하셨습니다. 결코 쉽지 않은 여정이었는데 결국 그렇게 멋진 곳을 완성하셨습니다. 참말 대단하신 분이 아닐 수 없습니다.

지난주 미사에서 신부님께서는 강론 중 '엄마의 기도'를 언급하셨습니다. "제 어머니도 그랬고 다른 모든 엄마들도 그러지 않으시나요. 엄마는 자기 자신을 위해 기도하지 않죠. 그분들은 늘 남을 위해 기도하십니다. 당신의 아이들, 당신의 남편, 당신의 부모를 위해." '엄마'라 부르실 때 신부님의 눈빛은 참으로 그윽했습니다. 진짜 엄마를 생각하시는 듯 보였습니다.

돌아보면 진짜 그렇습니다. 세상 어머니들은 늘 자신보다 가족들을 위해 기도하십니다. 예전 절에 다시시던 어머니도 부처님 탄신일이면 늘 시부모님과 남편 이름이 쓰인 연등을 절 마당에 걸곤 하셨습니다. 가끔 우리 남매들도 등장했지만 당신 이름을 밝힌 등을 보진 못했습니다. 당신께서 크게 병치레를 하실 때마저 그러셨습니다.

철없는 제 눈에는 그러시는 게 그냥 당연해 보였습니다. 엄마라서, 엄마니까 의당 그래야 하는 것처럼. 하지만 그건 아닙니다. 어머니도 사람이신데 건강해지고 싶고, 행복하고 싶은 마음이 왜 없겠습니까. 사람으로서는 그게 더 당연합니다. 그런데도 우리의 엄마들은 그러지 않으셨고, 지금도 마찬가지십니다. 그분들 마음속에 '나'는 없습니다.

그리스도의 종 야고보께서는 "그러므로 서로 죄를 고백하고 서로 남을 위하여 기도하십시오. 그러면 여러분의 병이 낫게 될 것입니다. 의인의 간절한 기도는 큰 힘을 냅니다(야고 5.16)"라 하셨습니다. 자기 자신 말고 남을 위해 하는 이타적 기도를 권고하십니다. 신부님께서 말씀하신 엄마의 기도는 그것의 전형일 것입니다. 야고보께서는

마음순례

그게 진짜 기도라 하신 것입니다.

그에 더해 신부님께서는 기도는 차곡차곡 쌓는 것이라 하셨습니다. '끊임없이', '간절히', '굳은 믿음으로' 기도에 임하라고도 하셨습니다. 그렇게 두껍고 견고하게 기도가 모이고 쌓이면 주님께서 반드시 응답하시고 어떤 바람이라도 들어주실 것이라 힘주어 강조하셨습니다. 신부님께서는 그 힘을 직접 체험하시고 이끄셨던 분입니다.

이승훈 기념관이 마침내 문을 여는 9월 12일엔 아침부터 굵은 장대비가 쏟아졌습니다. 야외에서 행사와 미사가 예정되어 있어 관계자들의 걱정은 이만저만이 아니었습니다. 다만 한 사람, 마르코 신부님만은 아니었습니다. 정말 간절히 오래도록 수도 없이 기도하셨기에 조금도 걱정하지 않으셨답니다. 그리고 실제로 미사 직전, 비는 거짓말처럼 그쳤다고 합니다.

그 자리에 있었던 모든 분들이 '기적'이라며 놀라워했다고 들었습니다. 제가 그 자리에 없었던 게 한스러울 정도였습니다. 신부님이 그리 기도하신 게 자기 자신을 위한 것이었을까요. 아니었을 터입니다. 오래도록 오해받고 그래서 외면까지 받던 이승훈 베드로를 위한 것이었을 터입니다. 남을 위한 기도, 지극히 이타적인 '엄마의 기도'는 그렇게 힘이 셉니다.

남부터 챙기는 마음

지난주 첫눈이 내렸습니다. 보기 드문 큰 눈이었습니다. 기상청에선 11월에 내린 117년 만의 폭설이라고 했습니다. 습기를 잔뜩 머금은 눈인지라 피해가 많았습니다. 아름드리 나무들이 눈 무게를 이기지 못해 가지가 꺾여졌고, 비닐하우스 지붕은 맥없이 내려앉았습니다. 얼어붙은 도로 때문에 자동차들이 설설 기고, 사람들은 엉덩방아 찧기 일쑤였습니다.

그 주말에 동네 뒷산에 다녀왔습니다. 동네 야산이지만 꽤 괜찮은 트레킹 코스입니다. 선포산에서 함봉산, 원적산으로 이어지는 한남정맥 줄기는 서너 시간쯤 걸립니다. 오르막과 내리막이 적당히 섞여 제법 난이도도 있습니다. 걸음으로는 3만 보가 넘습니다. 운동량은 충분합니다. 특별한 약속 없는 주말이면 그 길을 걷곤 합니다.

눈 온 지 며칠이 지났는데도 산엔 눈이 그대로 쌓여 있습니다. 응달진 곳은 더 했습니다. 눈더미가 얼핏 20cm는 돼 보였습니다. 등산로 입구에 두툼한 눈구덩이 사이로 좁은 길이 나 있었습니다. 간신히 한 사람 지나갈 정도였지만 그나마 없었다면 눈 속을 헤치며 힘들게 걸어야 했을 터입니다.

마음순례

누군가가 눈을 치워 일부러 길을 내준 것입니다. 그 모양새로 보아 동원된 사람들, 그러니까 공무원이나 그 비슷한 분들이 만든 건 아닐 것이라는 추측이 들었습니다. 만약 그랬다면 더 넓고 반듯하게 냈을 테지요. 어느 등산객 중 한 분이 자기 뒤에 올 누군가를 위해 그렇게 작고 좁지만 참 요긴하고 소중한 길을 내준 것으로 짐작됐습니다.

산 곳곳에 굵은 나뭇가지들이 눈 모자를 뒤집어쓰고 꺾여져 있었습니다. 등산로 한가운데에 떨어져 통행을 방해하는 것들도 많았습니다. 누군가 길 바깥으로 대충 다 옮겨 놓았습니다. 아직 남아 있는 걸 제가 치워볼까 했지만 꼼짝도 하지 않았습니다. 사람 힘으로 할 수 있는 건 벌써 이미 다 옮겨진 후였습니다.

중간쯤 올랐을 때였습니다. 초로의 남성분께서 길 한가운데 쓰러진 굵은 나뭇가지와 씨름하고 계셨습니다. 다른 일행은 없고 그분 혼자였습니다. 그는 작은 가정용 톱 하나만으로 그보다 서너 배는 더 굵어 보이는 나뭇가지를 힘겹게 썰고 계셨습니다. 제가 주변을 얼쩡거리며 도울 틈을 찾았지만 쉽지 않았습니다.

이런저런 정황을 종합할 때 그분도 돈 받고 일하는 분은 아닌 것 같았습니다. 그 산을 자주 다니는 분으로 다른 등산객들 불편하거나 위험하지도 않게 집에 있는 톱으로 자원봉사하시는 것으로 보였습니다. 잠깐 그 모습을 지켜보다 공연히 방해나 될까 싶어 자리를 떴습니다. 서걱서걱 톱질하는 뒤로하고 산에 오르는데 마음이 참 따뜻해졌습니다.

우리는 모두 각자의 일을 합니다. 모두 자기 먹고 살자고 하는 것 같지만 사실 그 덕을 보는 이들은 따로 있습니다. 목수는 거기 앉을 누군가를 위해 의자를 만듭니다. 의사 선생님들은 자기 몸보다 환자들의 건강을 되찾아 주십니다. 개그맨들의 노고 덕에 우린 힘들어도 웃을 수 있습니다. 그렇게 사람들은 모두 다른 누군가를 위해 일을 합니다.

사도 바오로께서는 "도둑질하던 사람은 더 이상 도둑질을 하지 말고, 자기 손으로 애써 좋은 일을 하여 곤궁한 이들에게 나누어 줄 수 있어야 합니다(에페4.28)"라고 하셨습니다. 남을 위하는 것은 참 쉽습니다. 일부러 무언가를 하려 하지 말고 그저 자신이 맡은 일에 충실하면 그게 남을 위한 일이 됩니다. 나의 노고가 누군가의 필요를 채워 줍니다.

직업으로서의 일이 아니라 정말 순수하게 남을 위해서만 일하는 사람들도 있습니다. 자발적으로 눈밭에 길을 내고, 길 한가운데 떨어진 부러진 나뭇가지를 치우는 분들입니다. 그들은 보상도 바라지 않습니다. 그들이 땀 흘리는 모습은 그래서 더 아름답고 숭고합니다. 세상이 여전히 건재한 건 순전히 그런 선한 분들 덕입니다. 모든 봉사자를 위해 기도드립니다.

죄의 인정

을사년 새해가 밝았습니다. 세월, 정말 빠릅니다. 푸른 용의 해가 밝았다며 희망에 들떠 하던 게 엊그제 같은데 벌써 1년이 후딱 지나 버렸습니다. 묵은 달력을 걷어 내고 있자니 지난 1년 뭐하며 살았나 급 허무해집니다. 그렇게 한 것도 없이 시간은 점점 더 가속도가 붙어 흐릅니다. 마음만 더 조급해집니다. 올해는 진짜 정신 바짝 차리고 살아야겠습니다.

새해 첫 주말은 성모성심의 날입니다. 천주교회는 매월 첫 토요일을 특별하게 예수님 잉태하여 낳으신 성모 마리아님을 기리는 날로 삼아 예를 올립니다. 1917년 7월13일 파티마에서 있었던 성모님 발현이 그 시작이었다고 들었습니다. 미사는 평소와 비슷하나 봉헌시간에 마리아님 발아래 색색의 초를 밝히는 게 조금 다릅니다.

오늘 제1독서는 창세기 말씀이었습니다. 하느님께서 흙의 먼지로 빚으신 사람과 그의 갈빗대로 지으신 여자에게 호통치십니다. 하느님께서 먹지 말라고 명하신 선악과를 따먹었기 때문입니다. 그렇게 하면 반드시 죽을 것이라고 엄중히 경고까지 하셨는데도 그들은 끝내 사고를 쳤습니다. 간악한 뱀의 흉계라고는 하나 그건 이유가 되지 않습니다.

노하신 하느님께서 물으십니다. "내가 너에게 따 먹지 말라고 명령한 그 나무 열매를 네가 따 먹었느냐?" 남자는 대답합니다. "당신께서 저와 함께 살라고 주신 여자가 그 나무 열매를 저에게 주기에 제가 먹었습니다." 여자에게도 같은 걸 물으십니다, 여자는 '뱀이 꾀어서' 그랬다고 억울한듯 대답합니다. 둘 다 자신은 아무 잘못이 없다는 투입니다.

조금 다르다면 남자는 오히려 당당한 듯하고 여자는 불가항력을 호소하는 것 같습니다. 하느님은 그런 둘 모두에게 가혹한 벌을 내리십니다. 남자에게는 죽을 때까지 땀을 흘려 땅을 일구어야 먹을 것을 얻는 형벌을, 여자는 아이를 배고 낳는 고통을 주셨습니다. 그 둘의 후손들은 적개심으로 서로에게 상처를 입히며 살도록 하셨습니다(창세 2-3장 참조).

인간의 원죄(原罪)에 관한, 오늘날 우리가 왜 이리 힘들게 살게 된 건지에 관한 이야기입니다. 이후 그들은 에덴동산에서 쫓겨났고 부지런히 일하지 않으면 목숨조차 위협받는 운명의 수레바퀴에 깔렸습니다. 그 고통은 후손들인 우리들에게 고스란히 대물림되었습니다.

이 대목에서 주임 신부님께서 물으셨습니다. "남자와 여자 중 누구 잘못이 더 클까요?" 신자들은 선뜻 대답하지 못합니다. 질문이 다소 기습적이기도 했지만 딱히 그걸 심각하게 생각해 본 적이 없어서이기도 했습니다. 너무 뻔한 문제라 그럴 수도 있습니다. 저는 그냥 둘 다, 도긴개긴, 엎어 치나 메치나 아닐까 했습니다.

신부님은 단호하게 남자 잘못이 크다고 하셨습니다. 둘 다 자기 잘못을 인정하지 않고 남 탓하는 못난 태도는 같은데 그 정도와 대상이 엄연히 다르다고 하셨습니다. 여자는 뱀의 유혹에 하느님의 명령을 다시 되새기며 반항하는 척이라도 했지만 남자는 여자가 주니 그냥 아무 소리 않고 덥석 받아먹었다고 하니 그게 더 못난 거라 말씀하셨습니다.

게다가 남자는 여자를 '당신께서 저와 함께 살라고 주신' 존재라고 언급합니다. 그 말은 결국 여자를 만드신 하느님에게 그 책임이 있다고 떠넘기는 속셈으로 보이기도 합니다. 듣고 보니 그랬습니다. 하느님께선 남자가 혹여 외로울까 배려하신 건데, 그걸 제 잘못의 방패막이로 삼다니요. 참 치사하고 찌질한 변명이 아닐 수 없습니다.

남자가 쿨하게 "저 여자는 아무 죄 없습니다. 다 제 잘못입니다" 했다면 어땠을까요. 그래도 벌은 면치 못했을 테지만 적어도 후손들에게 험한 소리까지 듣지는 않았겠지요. 걱정스러운 건 지금도 그런 인간들이 참 많다는 사실입니다. 저부터 남 탓하지 말고 살아야겠습니다. 모든 게 내 탓이려니 해야겠습니다. 새해 모두들 행복하시길 기도합니다.

아픈 이를 위한 기도

매년 2월 11일은 세계 병자의 날입니다. 교황 요한 바오로 2세의 제안으로 1993년부터 시작됐다고 합니다. 말 그대로 병들어 몸 아픈 이들을 위로하고 또 그들을 돌보는 가족과 의료인들의 노고를 되새기며 그에 감사하는 날입니다. 프랑스 루르드의 소녀 벨라뎃다에게 발현하여 치유의 상징이 되신 복되신 동정 마리아를 기념하는 날이기도 합니다.

바로 다음 날(2월12일) 우리 본당에서는 별도의 병자를 위한 미사를 열었습니다. 신자나 그들의 가족 중 아픈 분들을 위한 예식입니다. 전엔 그런 게 있는지도 몰랐습니다. 알았다 해도 저와는 상관없다고 여겨 신경도 쓰지 않았을 터입니다. 그런데 이번엔 귀가 쫑긋해졌습니다. 나이가 들어서일까요, 주위에 아픈 분들이 부쩍 많아져서일까요.

언젠가부터 아픈 지인들을 위해 기도합니다. 친구와 후배 그리고 친구 딸아이까지, 모두 셋입니다. 기껏해야 미사 후 '병자를 위한 기도문'을 암송하는 게 전부지만 그 시간엔 오롯이 그들만 생각합니다. 모두 선한 사람들입니다. 제가 아니더라도 곧 건강하게 나으실 분들입니다. 다만 저는 시늉만 하는 것입니다. 스스로 그걸 제 의무의 하나로 삼았습니다.

병자를 위한 미사 1부는 평일과 다름없이 진행됐습니다. 미리 신청한 신자들만 모여 올리는 2부 미사에서는 특별히 신부님께서 참석자들에게 성유를 발라주셨으며, 머리에 손을 얹으시고 안수를 내려 주셨습니다. 신부님들의 모습이 평상시보다 한층 더 진지하고 엄숙해 보였습니다. 신자분들도 정말 간절하고 절박한 표정으로 기도하셨습니다.

제 이마와 양 손바닥에 주님이 기름이 발라졌습니다. 행여 지워질까 두 손을 멀찍이 떨어뜨린 채 조심조심 제 자리로 돌아와 앉았습니다. 가만히 양 손바닥을 코에 대 봤습니다. 딱히 무슨 냄새가 나지는 않았는데 잘 표현할 수 없는 어떤 느낌이 들었습니다. 그 순간 명치께가 싸해졌습니다. 아픈 건 아니고 약간 저릿한? 그 또한 표현하기 어렵습니다.

병원에서 좋지 않은 병균이 들어앉았다고 한 그 자리입니다. 그 수상쩍은 느낌은 금방 가셨습니다. 물론 그건 그냥 그 순간의 조금 우연한 현상이었을 겁니다. 그런 적은 전에도 많았습니다. 그래도 바로 그때 그런 건 전의 그것과는 뭔가 다르다는 생각이 들었습니다. 다 알고 계시다는, 괜찮을 거라는? 물론 그건 아니겠지만 그래도 괜스레 기분이 좋아졌습니다.

프란치스코 교황님께선 병자의 날을 맞아 담화를 내셨습니다. 제목은 '희망은 오히려 시련의 때에 우리를 강인하게 해 줍니다'. 그 글을 통해 교황님께선 고통받는 자들 곁에 계시는 하느님의 3가지 방식에 대해 들려주셨습니다. 만남, 선물, 나눔이 그것입니다. 하느님께서 주관하시는 병은 그저 사람의 몸이 아픈 것만을 의미하지는 않았습니다.

병이 들면 인간은 가장 연약해지기 마련입니다. 하지만 우린 그 병으로 인해 삶의 폭풍우 속에서도 흔들리지 않는 굳건한 바위를 만나게 되며, 맞닥뜨린 고통은 희망이 하느님으로부터 온다는 사실을 깨닫는 계기가 될 것이라 하셨습니다. 그리고 그건 당신의 성실하심을 충실히 믿으면서 받아들이고 가꾸어야 할 선물이라고도 하셨습니다.

고통의 자리는 곧 서로를 풍요롭게 하는 나눔의 자리가 된다고도 하셨습니다. 아픈 사람이나 그를 돌보는 사람들은 서로에게 희망의 천사가 되고 하느님의 심부름꾼임을 알게 된다는 것입니다. 교황님은 끝인사로 아픈 자신을 위해 기도해 달라는 말씀하셨습니다. 그 바람이 참 인간적이고 진솔한 고백처럼 들렸습니다.

누구나 어디 한 군데쯤은 아프고 불편하기 마련입니다. 병은 불시에 누구에게나 찾아오지만 그걸 원망하고 미워하기만 할 건 아닌 듯합니다. 우리의 교만과 나태를 일깨우는 계기일 수도 있습니다. 사람뿐 아니라 병 그 자체가 선물일 수도 있습니다. 그걸 겸허히 받아들이고 기꺼이 친구로 삼아도 좋을성싶습니다. 제 병도 그러기를 모든 걸 주시는 주님 앞에 기도드립니다.

주먹펴기

날씨가 꽤 쌀쌀합니다. 바람도 심상치 않습니다. 집 나선 지 얼마 되지도 않았는데 금방 목덜미가 서늘해지고 손끝이 시려옵니다. 어깨를 잔뜩 움츠리고 종종걸음하며 묵주기도를 시작합니다. 사도신경에서 주님의 기도, 세 번의 성모송과 영광송 그리고 구원송으로 이어집니다. '가장 버림받은 영혼을 돌보소서', 그 마지막 구절이 저는 참 좋습니다.

'환희의 신비'로 접어듭니다. 동정이신 마리아께서 하느님의 뜻을 기꺼이 받아들여 예수님을 잉태하는 장면부터 시작합니다. 다시 주님의 기도 한 번, 성모송 10번 반복하는 구간입니다. 묵주가 있으면 그렇지 않지만 지금처럼 손이 비었을 때는 곧잘 헷갈립니다. 몇 단을 하고 있었는지, 성모송을 몇 번째 반복하는지.

그럴 때면 열 손가락이 참 유용하게 쓰입니다. 오른손으로는 단을, 왼손으로는 성모송 횟수를 셉니다. 각 단원의 1단을 넘길 때마다 오른쪽 손가락 하나씩을 접어둡니다. 성모송 횟수는 특히 중요합니다. 열 번이나 반복하다 보면 얼마만큼 했는지 까먹기 일쑤입니다. 성모송을 한 번 마칠 때마다 손가락을 하나씩 굽혔다가 다시 펴며 기억해

둡니다.

　주먹 쥘 땐 엄지부터 굽히고 그 위에 검지, 중지, 약지 그리고 새끼손가락 순으로 덮어씌웁니다. 그러면 맨 나중엔 엄지가 가운데로 쏙 말려 들어간, 영락없는 아기주먹 형상이 됩니다. 여섯 번째부턴 역순으로 손가락을 폅니다. 맨 나중에 꽁꽁 파묻혔던 엄지가 짠하고 다시 나타납니다. 한 단이 끝나는 순간입니다. 그때 기분은 참 시원, 상쾌합니다.

　손가락을 접을 때와 펼 때는 그 느낌이 사뭇 다릅니다. 접을 때는 조금씩 옥죄는 느낌입니다. 회수가 많아질수록 점점 더 깊이 파묻히는 엄지는 답답하기만 합니다. 반대로 손가락을 하나씩 펴면 점점 가볍고 홀가분해집니다. 다섯 개가 다 펴지면 손가락들이 저마다 환호하며 만세를 부르는 것 같습니다. 푹 파묻혀 있던 엄지가 제일 신나는 건 당연합니다.

　예수님께서는 온전히 어리석은 우리를 위해 사셨습니다. 우리를 구원하기 위해 당신의 모든 것, 심지어 목숨까지 내어놓으셨습니다. 십자가에 못 박혀 돌아가실 때 당신께 남은 것은 아무것도 없었습니다. 그렇게 죽는 순간까지도 남을 위해 기도하셨습니다. 아낌없이 내어주는 삶, 오롯이 타인을 위한 삶의 본보기를 몸소 보여 주신 것입니다.

　평소 제자들께도 그렇게 가르치셨습니다. "이와 같이 너희 가운데에서 누구든지 자기 소유를 다 버리지 않는 사람은 내 제자가 될 수 없다(루카 14.33)"고 못 박으신 것은 그래서였습니다. 예수님의 부르심을 받은 제자들이 고기잡이 그물과 배를 버리고 심지어 제 아버지를 남겨둔 채로 예수님을 따라나섰습니다(마태 4.18~22 참조).

손가락 묵주기도를 할 때, 주먹이 쥐어질수록 답답증을 느끼는 것은 그 안에 집착과 욕망을 담아 두었기 때문일지 모릅니다. 손가락을 하나씩 펴며 해방감이 드는 건 그런 필요 없는 잔재들을 조금씩 비워 내기에 그럴지도 모릅니다. 가진 게 많으면 그걸 지키고 또 더 많은 것을 갖고 싶어집니다. 집착과 탐욕이 생기기 마련입니다.

다른 모든 계명은 순순히 잘 지키면서도 '가서 가진 것을 팔아 가난한 이들에게 주라'는 예수님 말씀은 지키지 못한 부자 청년이 그런 사람이었습니다. 그는 재물을 지켰을지 모르지만 구원은 얻지 못했습니다. 그 스스로도 그걸 잘 알았기에 돌아서는 그의 마음은 슬픔으로 가득했습니다(마르 10. 17-22 참조).

채우고 쟁이기보다는 버리고 비우는 삶이 옳고 좋은 것 같습니다. 이제부턴 그래야겠습니다. 더 고민할 시간도 없습니다. 꼭 쥐었던 주먹을 펴야 할 때입니다. 아, 그런데 그만 생각이 너무 많았나 봅니다. 손가락은 두 개가 펴져 있는데 주먹을 쥐던 건지, 펴던 건지 까먹고 말았습니다. 아무려면 어떻습니까, 기도야 언제든 다시 시작하면 되는 걸.

척하며 살기

블로그 글을 지인들에게 카톡 메시지로 보내드린 지 10개월, 횟수로 40회 차가 됐습니다. 이미 말씀드린 것처럼 성경에서 40은 그 의미가 각별합니다. 40일간의 홍수(창세 7.12참조). 40일의 단식(탈출 24.18 참조), 40일 동안의 사투(루카 4.1-13 참조)와 단식 등. 그래서 어느 신부님은 40일만 하면 습관이 된다고 하셨습니다.

보잘것없는 글 보내주는 아주 사소한 일을 어찌 그에 비교할까마는 번번이 실패했던 그 40의 문턱을 이번엔 간신히 넘었습니다. 휴가 간 한 주만 빼고 매주 한 편의 글을 써서 보내드렸는데, 그게 참 쉽지 않았습니다. 한 주에 하나씩 새 글감 찾는 게 제일 어려웠습니다.

다 지난 옛이야기를 다시 호출하거나 하나의 주제를 두 번씩 우려먹고 했던 것은 그런 이유 때문이었습니다. 이 자리를 빌려 사죄 말씀을 드립니다. 그러면서 결국 꾸역꾸역 '40'을 채웠습니다. 여기까지 온 건 참 다행스럽고 스스로도 대견합니다. 제 글을 받아 보신 분들이 보여 주신 각양각색의 반응은 또 예상치 못한 보람이었습니다.

가장 많았던 질문은 제 신앙심에 대한 것이었습니다. 제 과거를 아시는 분은 '네가 그럴 사람이 아닌데' 하십니다. 신앙에 그렇게 고분고

마음순례

분할 리 없다는 말씀입니다. 제가 꽤 깊은 신심을 갖고 있다고 오해하시는 분도 많았습니다. 그건 전혀 아닙니다. 이제 세례받은 지 겨우 4년 차, 아직 전 갈 길이 먼 초보에 불과합니다.

그러면서 신앙생활에 대한 글을 쓰고 그걸 지인분들께 보내 드리는 이유에는 솔직히 '척'하려는 의도도 있습니다. 그 '척'에는 두 가지가 있습니다. 하나는 남을 속이기 위한 방편, 다른 하나는 자신의 각오나 목표를 이루기 위한 수단을 이릅니다. 제 '척'은 후자에 속합니다. 신앙심이 깊은 척하다 보면 진짜 그리되지 않을까 싶은 심정이었습니다.

커트 보니것(Kurt Vonnegut Jr.)은 우리에겐 다소 생소해도 미국에선 꽤 유명한 소설가입니다. 독특한 주제의식과 현실에 대한 과감한 비판과 풍자, 재기발랄하고 유머러스한 문체 등으로 특히 젊은이들 사이에 인기가 많아, 7~80년대 대학 졸업식 단골연사로 불려 다녔다고 합니다.

그가 한 대학에서 한 연설 중에는 이런 대목이 나옵니다. "우리는 자신이 '그런 척'을 하는 대로 됩니다. 그러니 장차 '어떤 척'을 할지 신중하게 선택해야 합니다." 내가 선택하는 '척'에 따라 내 인생이 바뀐다는 말입니다. 착한 척, 성실한 척. 예쁜 척하면 정말 그리될 수 있다는 것입니다. 그건 나의 목표 혹은 의지의 표현일 수 있습니다. 그런 사람이 되고야 말겠다는.

금연이나 금주를 결심하는 사람들은 가장 먼저 주변에 그 사실을 알려야 합니다. 그래야 주변의 도움을 받을 수도 있고 그들의 감시를 받기도 합니다. 공개적으로 한 약속이니 책임감도 훨씬 강해집니다. 제 '척하기'는 그 연장선이라 할 수 있습니다. 그렇게 되고 싶다는 의지의 표현, 그렇게 살겠다는 공개적인 약속 혹은 자신을 향한 다짐 말입니다.

"너희는 기도할 때에 위선자들처럼 해서는 안 된다. 그들은 사람들에게 드러내 보이려고 회당과 한길 모퉁이에 서서 기도하기를 좋아한다. 내가 진실로 너희에게 말한다. 그들은 자기들이 받을 상을 이미 받았다(마태 6.5)." 예수님께서는 모든 위선과 허위를 경계하셨습니다. 겉의 치장보다는 내면의 믿음, 기도의 깊이가 훨씬 중요하다고 가르치셨습니다.

아는 척, 배운 척, 잘난 척은 거짓이고 허위에 지나지 않습니다. 그럴 의도는 1도 없습니다. 이제 와 그런다고 제가 얻을 게 뭘까요. 그저 확실하게 제 의지를 확인하고 조금 더 가까이 그분께 다가가고 싶은 소망의 표현일 뿐입니다. 그러니 앞으로도 더 진실된 '척'을 하겠습니다. 더이상 '척'할 필요하지 않을 때까지 그러겠습니다. 하루빨리 그리되기를 기도하겠습니다.

인생은 현재진행형

미사 후 공지사항 때 신부님께서 휴대용 기도서와 교패가 새로 나왔다고 알려 주십니다. 기도서는 알겠는데, 교패는 처음 들어 봅니다. 신부님께서 손에 들고 보여 주셨는데 너무 작아 잘 보이지 않습니다. "교패 다 아시죠? 지금까지는 은색에 보기에 조금 촌스러운 디자인이었는데, 산뜻한 원색으로 잘 만든 것 같아요." 그제야 그게 뭔지 생각났습니다.

아파트 현관이나 주택 대문에 붙어 있는 미니 간판, '00성당'이라 쓰인 표식, 그 집 사는 가족이 어느 성당 신자라는 걸 알려 주는 표 딱지를 이르는 거였습니다. 그게 '교패'라는 걸 이제야 알았습니다. 전부터 저도 꼭 달고 싶었는데, 이제껏 못했습니다. 어디서 구하는지 몰랐고, 특별한 자격이 있는 분들께만 나눠주는 것으로 알았습니다.

그게 아니라 성당 사무실이나 성물방에서 언제든 구할 수 있다고 합니다. 그런 걸 제대로 알아보지도 않고 지레 포기했으니 저는 참 못나고 대책 없는 신자입니다. 얼른 기도서와 교패 하나씩을 샀습니다. 신부님 말씀대로 붉은색 계통의 산뜻한 디자인입니다. 얼핏 특정 정당 혹은 우체국이 연상되기도 했지만 대체로 세련돼 보였습니다.

집에 돌아와 신이 나서 문에 붙이려 하다가 일순 손이 멈춥니다. 그건 말하자면 탈출기 시대에 이스라엘 사람들이 제집 문설주와 살림방에 발라놓은 짐승의 피와 같습니다. 이집트에 저주를 내리려 오신 하느님께서 그걸 보시고 그 집에 파괴자가 들어가지 못하게 하려는 표식입니다(탈출 12.21−23 참조).

당당하게 그 집에 사는 사람이 그리스도인이라는 걸 알리는 신호입니다. 나는 오직 당신을 믿고 오로지 당신의 편이라는 걸 떳떳이 드러내 보이는 것입니다. 그런데 내게도 그럴 자격이 있을까, 저 같은 자가 감히 그렇게 자처해도 될까. 제가 주저한 건 그런 이유 때문이었습니다. 그때 그날 강론에서 신부님께서 해주신 말씀이 문득 떠올랐습니다.

신부님께서 사제서품을 받던 당시의 추억이었습니다. 서품예식을 앞두고 신부님께서는 갑자기 두려워지셨답니다. 모든 것이 캄캄해진 것 같다고 표현하셨습니다. 내가 진짜 신부 될 자격은 있나, 공부는 제대로 한 건가, 질문은 꼬리에 꼬리를 물고 이어졌답니다. 혼자서는 도저히 감당할 수 없어 평소 존경하는 대선배 신부님을 찾아뵈었다고 합니다.

"신부님, 제가 진짜 사제가 될 수 있을까요?" 정색을 하며 묻는 까마득한 후배에게 노 신부님은 빙그레 웃으시며 이렇게 말씀하셨다고 합니다. "너는 내가 진짜 신부로 보이더냐. 나도 아직 내가 신부라는 게 믿기지 않는다. 그러니 신부는 된 게 아니라 되어 가는 것 같다. 나는 지금도 현재진행형이란다. 그건 너도 마찬가지 아니겠느냐."

그 말씀에 신부님은 용기를 얻어 서품을 받으셨다고 하셨습니다. 노신부님의 말씀 중 '되어 가는 중'이란 대목이 인상적이었습니다. 누군들 그렇지 않을까요. 죽을 때까지 공부하고 깨치는 것이 인생이라 하지 않던가요. 존경을 받는 노신부님조차 아직도 현재진행형의 삶을 사신다 하셨으니 우리 같은 사람들이야 더 말할 나위가 없을 것입니다.

욥은 이미 하느님으로부터 "흠 없고, 올곧으며 하느님을 경외하고 악을 멀리하는 사람"으로 인정받는 의인이었습니다. 그런 그가 끊임없이 시련을 겪고 시험에 듭니다. 자기가 태어난 날을 저주할 정도로 고통스러운 나날이 이어집니다. 그러면서도 그는 하느님에 대한 믿음을 꺾지 않고 계명을 굳게 지키며 당신 발자취를 따라 온 세상을 헤매어 다닙니다.

그의 발치라도 따르려면. 더 많은 시련을 겪고, 더 많이 시험에 들고, 그럴수록 더 많이 기도하고 더 많이 인내해야 합니다. 우린 그 끝을 가늠할 수 없는 현재진행형의 삶을 살아가는 중입니다. 교패를 다시 깨끗이 닦아봅니다. 더 빛날 수 있도록, 그래서 제가 더 분투할 수 있도록. 반드시 그리되기를 다시 기도하며 대문 위쪽 제일 잘 보이는 곳에 교패를 힘주어 눌러 붙입니다.

엘리베이터 앞에서

아파트 현관에 들어서니 마침 엘리베이터가 내려옵니다. 피곤할 땐 그거 버튼 누르고 기다리는 것도 힘들고 귀찮습니다. 그 수고를 덜어주신 누군가가 참 고맙습니다. 이윽고 1층에 도착했습니다. 스르르 문이 열리는데 어라, 거기 탄 사람이, 내리는 사람이 없습니다. 뭐지, 혹시 유령? 방정맞은 생각에 정신이 퍼뜩 듭니다.

전에도 그런 적이 있었습니다. 어딘가에서 내려온 엘리베이터에서 내리는 사람은 없는. 어머니께 그 말씀을 드렸더니 "높은 데 사는 사람이 밑에서 기다리지 말라고 1층 눌러주고 내리는 거 아닐까" 하십니다. 아, 그런 분이 진짜 계시나봅니다. 높은 층에서 1층까지 내려오려면 시간이 좀 걸리니 그거라도 아끼라고. 기다리는 분을 위한 배려입니다.

엘리베이터는 꼭대기 층으로 갔다가도 어차피 1층으로 내려와 사람들을 싣고 다시 올라가야 합니다. 물론 중간층에서 내려가는 분도 있겠지만 그보다는 그런 경우가 더 많을 터입니다. 일부러 1층을 눌러놓고 내린 분은 그것까지 헤아려 그 누군가를 위해 그리하신 것입니다. 바로 제 앞에서 그걸 타고 올라가신 그분이 그러신 것 같습니다.

마음순례

반면 이런 일도 있었습니다. 출근길에 9시가 다 돼 헐레벌떡 뛰어 갔는데 엘리베이터 문이 막 닫히고 있었습니다. 안에는 딱 한 분이 타고 있습니다. 그분과 눈이 마주쳤습니다. 그 절체절명의 순간 저는 애원의 눈빛을 전했습니다. 그러나 그는 그냥 말없이 떠났습니다. 닫힘 버튼을 누른 손가락을 떼지 않은 채, 제 눈을 빤히 쳐다보며.

　중국음식을 배달해 먹을 때 사람들의 성격이 나온다고 합니다. 음식이 도착해 포장 랩을 벗길 때, 사람들은 보통 자기가 주문한 음식부터 챙깁니다. 하지만 어떤 분들은 단무지나 탕수육 같은 반찬과 사이드 메뉴 포장부터 뜯습니다. 제 것보다는 남을 먼저 챙겨 주는 이타적인 심리의 무의식적 표현입니다. 의외로 그런 분들 많지 않습니다.

　꼭대기층 살며 1층 버튼 누르고 내리시는 분은 아마 그럴 때 만두 포장부터 벗길 분입니다. 제 간절한 눈과 마주치고도 매몰차게 떠나 버린 그분은 자기 먹을 잡채밥부터 챙기고 다른 분 앉기도 전에 제 밥만 먹을 사람입니다. 이기적이냐 이타적이냐를 가르는 기준은 그처럼 의외로 단순하면서 명쾌합니다.

　사람들은 아주 사소한 디테일에서 자신의 감춰둔 본성을 드러내곤 합니다. 이해관계가 달렸다면 무서울 정도로 돌변하곤 합니다. 한 푼이라도 손해 볼까, 눈에 불을 켜고 제 것을 챙깁니다. 끊임없이 남의 것을 탐합니다. 하나라도 더 차지하려 별수를 다 씁니다. 상대가 어떻게 되든 말든 나만 잘살고 나만 불행하지 않으면 그만입니다.

　그런 이기심이 극에 달하면 사람들은 악마처럼 변합니다. 악마는 "우리는 온갖 값진 재물을 찾아내어 우리 집을 약탈물로 그득 채우게 될 것이다"라 유혹합니다. 그러나 자기들의 욕심을 채우고 나면 곧바로 배신해 유혹한 자의 피까지 쏟아내게 합니다. 그들은 결국 함께 불운에 빠지고 파멸에 이르게 마련입니다(잠언 1.13-27 참조).

지금에 와 생각해 보면 참으로 곤궁하고 어려웠던 시절일수록 유독 그런 사람들을 많이 만나는 것 같습니다. 그런 그들을 만나 제가 그리 된 것일 수도 있습니다. 자꾸 그런 경험이 쌓이다 보면 인간에 대한 신뢰 자체가 무너집니다. 사람이 싫어지고 나중에는 무서워집니다. 그래서 피하게 되고 숨게 됩니다. 함께 사는 공동체는 그렇게 무너져 내립니다.

고작 짜장면이나 엘리베이터 따위로 그를 그런 사람으로 덮어씌우려는 건 아닙니다. 다만 그런 본성이 이기적 DNA의 정체를 드러내게 하고 그거야말로 진실의 순간이 됩니다. 세상엔 자기만 아는 사람들이 너무 많습니다. 이타는 아니더라도 적어도 남을 해치지는 않았으면, 그래서 세상이 다시 평화로워졌으면 좋겠습니다. 그러기를 기도합니다.

시기와 질투

2월의 끝자락, 영종도에서 1박 2일 세미나가 있었습니다. 밤늦게까지 열띠게 토론했고 다음 날도 아침 일찍부터 일정을 시작해, 점심 식사 전에 모두 마쳤습니다. 피곤은 했지만 참석하신 분 모두 만족스러운 표정들로 헤어졌습니다. 일요일 12시밖에 안 됐는지라, 그 후의 동선잡기가 애매했습니다. 어차피 주일미사는 저녁에 가야 합니다.

차를 몰고 가다 백운산 이정표를 만났습니다. 전에 한 번 가 본 적이 있습니다. 해발 2백 미터가 조금 넘고 등산로가 평탄한 대신 아기자기한 재미, 특히 정상에서 바라보는 인천 앞바다와 국제공항의 풍경이 장쾌합니다. 주말이면 가족 단위 등산객들이 많이 찾습니다. 시간도 남았겠다, 오늘 걸음 목표도 채우기 위해 백운산으로 향했습니다.

용궁사 주차장에 차를 대고 총 2.5km 정도 되는 등산로를 타기로 했습니다. 올겨울은 유난히 춥고 눈도 많았습니다. 가는 겨울이 아쉬웠는지 바로 며칠 전에도 눈이 많이 왔습니다. 산 입구부터 제법 눈이 쌓여 있었습니다. 그래도 등산 경력 30년입니다. 이 정도 눈엔 슬리퍼 신고도 오를 수 있습니다. 등산화는 없었지만 걱정 1도 안 하며 바로 산길로 접어들었습니다.

그 시간엔 오르는 분보다 내려오는 분들이 많습니다. 그,중 한 커플과 마주쳤습니다. 옷도 멋지게 맞춰 입고 기다란 스틱과 철커덕거리는 아이젠까지 풀 세트로 장착했습니다. 그들이 지나간 후 저는 "에베레스트라도 가나 봐?" 하며 입을 삐죽거렸습니다. 물론 속말이었지만 나중에 제가 생각해도 참 유치한 뒤끝이었습니다.

그 비슷한 분들은 몇이 더 있었습니다. 소위 '장비발'이라 합니다. 동네 뒷산 가면서도 유난히 장비를 챙기시는. 제가 아는 분 중에도 여럿 있습니다. 뭐만 시작했다 하면 요란하게 고가의 장비부터 구비합니다. 그중 대부분은 또 얼마 가지 못하고 그만두곤 합니다. 단언컨대 저는 아닙니다. 그런 거에 돈 쓴 적 없고, 그거야말로 헛돈이라 굳게 믿어 왔으며 앞으로도 그럴 것입니다.

그런데 산에 오를수록 상황이 조금씩 달라집니다. 아래쪽엔 눈이 많이 녹았는데 오를수록 온통 순백의 눈밭입니다. 아래와 위가 확연하게 달랐습니다. 해발이 낮더라도 산은 산이었습니다. 특히 그늘진 곳의 길은 사람들이 눈을 다지고 지나가 매우 미끄러웠습니다. 어떤 곳은 아예 아이스링크처럼 반질반질합니다.

운동화는 미끄럼에 약합니다. 특히 제 운동화는 낡을 대로 낡아 스케이트라도 신은 듯합니다. 그저 조심하는 수밖에 없습니다. 하지만 아무리 그런들 무슨 소용일까요. 올라가는 길에 벌써 두어 번 넘어졌습니다. 그러면서 정상까진 억지로 올라갔습니다. 오르자마자 내려갈 길이 걱정됐습니다. 각오를 단단히 다졌습니다.

예상대로 내려오는 길은 참말 험난했습니다. 나뭇가지를 부여잡고 아예 앉은걸음으로 기다시피 했는데도 네댓 번은 더 넘어졌습니다. 하산해서 보니 바지는 다 젖었고 온몸이 욱신거립니다. 주차장 입구에 멍하니 주저앉아 1시간 전의 제 모습을 떠올립니다. 산 좀 탔다며 온갖 건방을 떨지 않나, 정석대로 장비 잘 갖춰 산에 온 사람들을 공연히 헐뜯고 욕하질 않나.

그건 교만이고 시기였으며 질투에 지나지 않았습니다. 나를 높이며 다른 사람을 우습게 보고 깎아내린 것입니다. 하느님에게까지 대적하고 힘을 과시하려고 합니다(욥15.25참조). 그건 또 기만의 다른 얼굴입니다. 스스로를 속이려는 헛마음입니다(욥 1,3). 하느님께서는 '짓밟겠다'고까지 하실 만큼 그걸 경계하셨습니다(욥 40.12 참조).

그동안 그리 혼나고도 저는 여태 그 고질적인 악마를 방치하고 있었습니다. 모질게 내쫓지 못하고 제 마음속에 머물게 했습니다. 이젠 정말 떠나보내야 합니다. 더 이상 그러면 안 됩니다. 지나치면 모자란 것만 못하다는 말이 겸손에는 통하지 않습니다. 한없이 낮아지고 끝없이 겸손해야 합니다. 제가 제발 그리되기를 간절히 기도드립니다.

첫 번째 고해성사

아버지께서는 영화 〈대부(원제 God Father)〉를 정말 좋아하셨습니다. 1편부터 3편까지 시리즈물 전편의 비디오테이프를 소장하실 정도였습니다. 그 덕에 저도 몇 번씩 봤습니다. 각 편이 모두 명작이지만 저는 3편이 기억에 제일 많이 남습니다. 주인공 알 파치노(Al Pacino)의 소름 돋는 연기가 돋보입니다. 특히 고해성사 장면은 압권입니다.

대부는 합법적 사업가로서 변신해 유럽진출을 모색합니다. 계획이 무르익을 무렵 주도권을 뺏길까 우려하는 현지인들은 조직적으로 방해 공작에 나섭니다. 그 난관을 해치고나갈 방법을 찾아 이탈리아 추기경님을 찾아갑니다. 일 얘기가 끝나자 추기경은 대부에게 고해성사를 권유합니다. "너무 오래됐어요. 자그마치 30년이나 됐답니다."

그러니까 악당노릇 시작한 뒤로는 한 번도 안 했다는 고백이었습니다. 그동안 지은 죄가 너무 많아 추기경님 시간 뺏을 것을 걱정하기도 합니다. 추기경은 "영혼을 구할 시간은 언제든 있다"시며 계속 권합니다. 하는 수 없이 대부는 고해를 합니다. 어마어마한 죄가 쏟아져 나옵니다. 아내를 배신하고, 사람을 죽이고, 심지어 친형을 죽이라고 명령한 세례받은 지 4년이 넘었지만 저는 아직 한 번도 고해하지 못했습니다. 아니 안 했습니다. 지은 죄가 너무 많아서, 무엇부터 어떻게 고백해야 할지 몰라서 그랬습니다. 누군가를 아프게 했고, 다른 누군가에게 깊은 상처를 주었으며, 또 다른 누군가에게는 거짓으로 속였습니다. 부끄럽기 짝이 없습니다. 그걸 한꺼번에 다 털어놓을 자신이 없었습니다.

고해성사는 가톨릭 신자의 의무입니다. 교회법 389조에는 '모든 신자는 사리를 분별할 나이에 이른 후에는 매년 적어도 한 번 이상 자기의 중죄를 성실히 고백할 의무가 있다'고 명시되어 있습니다. 그를 위반할 시 어떤 처벌을 내린다는 따로 조항은 없지만 기본적인 의무를 지키지 않는다는 것은 그 자격이 없다는 걸 의미합니다.

더 이상 지체할 수 없었습니다. 게다가 제 몸에 이상이 있다는 판정까지 받은 판입니다. 아직 더 정밀하게 검사해 봐야 알겠지만 지금 상황은 별로 좋아 보이지 않습니다. 앞으로 어떻게 될지는 아무도, 아무것도 모릅니다. 그렇게 되기 전에 고해성사는 꼭 해야 할 것 같았습니다. 의무라니 그랬고 이게 마지막일 수도 있으니 또 그랬습니다.

주일미사 전에 마음 단단히 먹고 고해소로 갔습니다. 다행히 다른 신자분은 없었습니다. 신부님 입장하셨다는 사인 불이 켜집니다. 크게 심호흡을 하고 안으로 들어갑니다. 고해소는 어둡고 좁습니다. 신부님의 기척이며 숨소리까지 지척에서 느껴지는데 그 모습은 보이지 않습니다. 그러지 않더라도 신부님은 제가 누군지 모르실 것입니다.

마지막 고해가 언제였냐고 물으십니다. 오늘이 처음이라고 대답하니 세례는 언제 받았느냐 또 물으십니다. 2020년에 받았다고 대답하니 잠깐 사이를 두십니다. 화를 누르시는 모습이 보이는듯했습니다. 무슨 죄를 지었냐 물으십니다. 목소리가 달라졌습니다. 술을 너무 많이 마신다고, 그래서 제 일을 제대로 못 했고 남에게 상처를 줬다고 고백했습니다.

용서를 받긴 받았습니다. 신부님은 고해성사를 게을리 한 죄까지 소급해 그리 해 주셨습니다. 당신은 저의 술보다 고해성사 게을리 한 죄를 더 안 좋게 보시는 것 같았습니다. 신자의 가장 기본적인 의무임을 몇 차례 강조하셨습니다, 저는 고개도 들지 못하고 알겠습니다, 죄송합니다만 연발했습니다. 그렇게 저는 생애 최초의 고해성사를 마쳤습니다.

겨우겨우 하느님과 교회와 화해하는 길(교회법 960조)을 튼 셈입니다. 앞으로 더 잘해야 합니다. 그 안에서 저는 금주까지 약속했습니다. 제 의도는 절주였는데 신부님께선 '그래서 이젠 끊겠다는 거죠?' 하셨고 저는 엉겁결에 '네' 하고 대답했습니다. 고해소에서 드린 말씀이니 무를 수도 없습니다. 술을 끊어야 합니다. 차라리 잘 됐습니다. 기필코 그러겠습니다. 40년 만의 금주, 첫 고해의 선물입니다.

마음순례

인정받는 기쁨

　부시장님께서 부르십니다. 직속상관인지라 수시로 뵙고 보고도 드리지만 이렇게 새삼스런 호출은 잘 없는 일입니다. 무슨 일일까 궁금했습니다. 집무실에 들어가니 당신은 빙긋이 웃고 계십니다. 평소에도 장난기 많으시고 농담도 잘하십니다. 저도 따라 씩 웃습니다. 당신 앞자리에 앉으라고 턱짓을 하십니다.

　아재 유머를 곁들인 의례적인 인사치레 끝에 부시장님께서 의자를 바싹 당겨 앉으십니다. "이번에 중요한 일 좀 해 줘야겠어." 갑자기 정색하고 말씀하시니 제가 오히려 당황스럽습니다. 저야 조직이 하라 그러면 뭐든 할 준비가 돼 있습니다. 다 듣지도 않고 무조건 하겠다고 대답했습니다. 설마 도둑질이야 시킬까요.

　막상 제안을 듣고 깜짝 놀랐습니다. 정말 중요한 자리였습니다. 늘 동경했던, 꼭 한번 해 보고픈 일이었습니다. 꿈은 꿔봤지만 제게는 언감생심이라 여겨왔었습니다. 제가 어찌, 했습니다. 그런 자리를 제게 직접 권하시는 거였습니다. 순간 저는 이렇게 내 인생이 피는구나, 황홀경에 빠졌습니다.

　윗분과도 상의한 결과라니 거의 결정된 것이나 다름없었습니다. 물론 이런저런 절차가 있겠지만 관례상 그랬습니다. 제 상상의 나래는 접힐 줄 몰랐습니다. 그 자리 가면 이런 걸 해봐야지, 어디에는 무엇을 새로 들이고, 무엇보다 취임인사는 이렇게 해야지. 상상의 나래는 끝 간 데 없이 펼쳐졌습니다. 그만으로도 저는 태어나 가장 행복해졌습니다.

그 며칠 전 믿을 만한 어느 분으로부터 그런 얘기를 들은 적도 있습니다. "어른들이 당신에 대한 오해 같은 걸 많이 푸신 모양이야. 당신에 대한 평이 썩 좋지 않은 건 알지? 그런데 막상 가까이서 일 시켜 보니 그게 아니라 생각하시는 듯해." 저도 어렴풋이 들었습니다. 저에 오해가 깊었다는 걸 다행히 그게 조금이나마 풀렸다는 것입니다.

저는 그런 거 크게 신경 쓰지 않습니다. 그래왔습니다. 남을 좋게 얘기하는 사람 별로 보지 못했습니다. 처음엔 긍정적으로 평가하다가도 '그런데', '다만' 하며 악평으로 끝맺기 일쑤입니다. 거의 다 그렇다는 것을 알기에 남의 레퍼런스에 대해선 전혀 기대 하지 않았습니다. 그저 진심은 통한다. 내가 진정성을 갖고 일하면 누군가는 반드시 그걸 알아 준다는 믿음만 있었습니다.

새 옷을 입고 거울 앞에 서면 정말 잘 어울리는 것 같습니다. 하지만 그건 그저 제 생각입니다. 그게 진짜 그런지 아닌지는 다른 사람이 평가합니다. 그들은 나와 모든 게 다릅니다. 보는 눈은 같은 듯 다 다릅니다. 사람들은 일단 타인을 부정적인 시각으로 봅니다. 경쟁관계라 여기면 더 그렇습니다. 일부러 흠을 잡고 흔집을 내기도 합니다.

그렇다고 자신에 대한 평가를 남에게 강요할 수는 없습니다. 애원하거나 구걸해도 소용없습니다. 실력과 태도로 객관적이고 합당한 평가를 받아야 합니다. 그게 인정입니다. 남에게 인정받는다는 것은 결코 쉽지 않습니다. 누구나 인정받기를 원하지만 아무나 그러지는 못합니다. 사람은 자신에게는 후하지만 남에게는 가혹합니다.

예수님께선 긴 여행을 다녀온 주인을 예로 들며 인정받는 사람에 대하여 말씀하셨습니다. 마음에 들게 일한 이에게는 "잘하였다, 착하고 성실한 종아"라며 칭찬을 아끼지 않으십니다. 한 것 없이 주인을 욕되게 하는 자에게는 "쓸모없는 종"이라 호통치시며 어둠 속으로 내쫓아 버리십니다(마태 25.14-30 참조). 제 할 일 성심성의껏 잘하면 의당 칭찬받고 인정받습니다.

결론부터 말씀드리면 제안해 주신 그 자리에 가진 못했습니다. 알아보니 제가 너무 부족해 먼저 포기했습니다. 자칫 조직에 누가 될 수도 있어서였습니다. 그렇게 일생일대의 꿈을 허망하게 날려 버렸으나 기분은 좋았습니다. 존경하는 분들께 인정받았으니 그렇습니다. 모두에게 인정받을 필요 없습니다. 그럴 수도 없습니다. 살면서 우린 그저 딱 한 분에게만 인정받으면 그만입니다. 저도 이제 더 이상 다른데 한눈 팔지 않겠습니다. 그분께 인정받는 삶을 살겠습니다.

걷고 또 기도하며

4,442,122보, 3,110km. 지난 6개월간 그만큼 걸었습니다. 하루 평균 2만 7천 보, 19km쯤 됩니다. 인천에서 부산까지 편도가 500km 정도라면 4번 왕복한 거리쯤 됩니다. 하루도 빼먹지 않았습니다. 주말도 평일과 똑같이 걸었습니다. 비가 오나 눈이 오나 걸었습니다. 추운 겨울엔 귀마개까지 사 쓰고 걸었습니다.

11월부터는 하루 2만 보 이상 걷겠다고 목표로 잡았고 지금까지 잘 지켜오고 있습니다. 부평에서 구월동까지 걸어서 출근했습니다. 어디 갈 때면 몇 정거장 앞에서 내려 걸었습니다. 점심 먹고는 시청 옆 중앙공원을, 저녁엔 집 앞 부영공원을 서너 바퀴씩 돌았습니다. 여행이나 출장 가서도 걸었습니다. 정 안되면 런닝머신이나 뚜벅이 판도 탔습니다.

걸으면서 기도했습니다. 묵주기도를 올렸습니다. 환희, 빛, 고통, 영광 4개의 신비로 나뉘며 각각은 또 다섯 단으로 이루어졌습니다. 그 5단 암송하는 데 15분쯤 걸립니다. 총 20단을 다 하면 5~60분쯤 걸립니다. 그걸 3번 하면 2만 보가 넘습니다. 그래야 집중이 되고, 무엇보다 성모님과 함께라는 위안과 충만감을 느낄 수 있어 좋았습니다.

마음순례

위기도 있었습니다. 몇 번을 넘어졌습니다. 눈길에 넘어지고 누군가에게 부딪쳐도 넘어졌습니다. 다행히 큰 부상이 아니어서 또 걸었습니다. 코로나보다 혹독한 독감에 걸렸어도 걸었습니다. 발뒤꿈치는 수시로 갈라지고 터졌습니다. 발톱 2개가 까맣게 죽었습니다. 밤새 끙끙대다가도 아침이면 또 신발을 꿰어 신고 나가 걸었습니다.

신발 2켤레를 버렸습니다. 새로 산 트레킹화는 밑창이 벌어져 본드로 붙여 신었습니다. 그렇게 아래를 막으니 등 부분이 찢기고 뜯어졌습니다. 깔창은 수시로 바꿔 썼습니다. 좋다는 건 다 써 봤습니다. 발바닥이 너무 아파서 그랬습니다. 양말은 열 켤레 이상 해져서 버렸습니다. 꿰매 쓰기에는 구멍이 너무 컸습니다.

잘 자려고 시작한 걷기였습니다. 피곤하고 힘이 드니 정말로 잠이 잘 들고 질이 좋아졌습니다. 그러다 루틴이 생겼습니다. 나중엔 강박 혹은 중독의 지경이 됐습니다. 목표를 채우지 못하면 그렇게 찜찜할 수 없었습니다. 그것 먼저 해 놔야 다른 일과를 볼 수 있을 정도였습니다. 저와의 약속이기에, 제 의지의 시험대로 여겼기에 그랬던 것 같습니다.

사실 이유는 따로 있습니다. 다음 주에 수술이 잡혔습니다. 5개월 전 이미 예고됐고 3개월 전에 일정이 잡혔습니다. 그저 그런 수술이 아닙니다. 전신마취 받고 생살을 째는 대수술입니다. 체력과 정신력 둘 다 좋아야 회복이 빠르다고 들었습니다. 걸으며 올리는 기도야말로 몸과 마음을 한꺼번에 단련시키는 방법이라 생각했습니다.

"그러므로 우리는 낙심하지 않습니다. 우리의 외적 인간은 쇠퇴해

가더라도 우리의 내적 인간은 나날이 새로워집니다(코린2 4.16.)."
세월이 흐르면 몸은 늙지만 그동안 쌓은 기도의 신심은 더욱 단단해집니다. "우리가 지금 겪는 일시적이고 가벼운 환난이 그지없이 크고 영원한 영광을 우리에게 마련해 줍니다(코린2 4.17)." 그런 지혜의 눈까지 생깁니다.

제 마음은 이번이 마지막이길 바라지만 앞으로도 얼마나 더 많은 환난과 시련과 시험이 남아 있을지 모르겠습니다. 여전히 남아 또 닥친다 하더라도 지금까지 그래왔던 것처럼 굴하거나 겁내거나, 도망치지 않겠습니다. 그때도 오롯이 혼자 감내하고 이겨 내야 한다면 또 그렇게 똑같이 다시 하겠습니다. 경험이 있으니 더 잘할 수 있을 것도 같습니다.

아닌 척, 애써 담담한 척해도 솔직히 속으론 무섭습니다. 나는 왜 상의하고 걱정을 나눌 사람이 아무도 없는 건지 속상하기도 합니다. 내가 정말 잘못 살았구나, 이게 다 그 벌이구나 회한에 빠지고 자책도 합니다. 하지만 그건 가만히 있을 때나 그렇습니다. 그러다 다시 걸으면, 걷고 또 기도하면 다 잊습니다. 그래서 다시 밖으로 나갑니다.

제5부

내 안의 가시

주님은 늘 우리 가까이 계십니다.
우리가 지치고 힘들어할 때마다 짠~ 하고 나타나셔서
우리 어깨를 다독이시고 손을 잡아 주십니다.

10년 만의 건강검진

10년 넘게 건강검진을 받지 않았습니다. 세계에서도 손꼽힐 정도로 정교한 건강보험체계를 갖춘 대한민국이랍니다. 2년에 한 번, 전 국민들의 온몸을 구석구석 살펴봐 주는 나라는 흔치 않습니다. 그것도 전부 공짜입니다. 그런데도 전 한 번도 하지 않았습니다. 암 검진도 마찬가지였습니다. 절실하지 않았고 하나도 궁금하지 않았습니다.

그거 받아서 어쩔 거냐 싶기도 했습니다. 그렇게 술을 마셔 댔고 특히 지난 몇 년간 그리 방탕했으니 위나 간은 말할 것도 없고, 여기저기 탈이 나도 단단히 났겠거니 하고 말았습니다. 그렇게 병 있다고 어머니 혼자 남겨둔 채 입원할 수도 없고 설사 그런다고 해도 저를 돌봐 줄 이도 없습니다.

피검사와 소변검사는 두어 번 했습니다. 요즘은 그것만 해도 웬만한 건 다 알 수 있다고 들었습니다. 그땐 다행히 모든 게 정상이었습니다. 간이나 당뇨 수치, 신장기능도 그랬고 혈전 따위도 없었습니다. 제 검사결과를 보신 의사 선생님은 건강관리 잘하셨네요 칭찬까지 하셨습니다. 믿기지 않았지만 정말 그랬습니다. 그래서도 하지 않았습니다.

지금까진 그렇게 별 탈이 없었습니다. 건강검진 안 받는다고 누가 뭐라 할 사람도 없었습니다. 하지만 상황이 바뀌었습니다. 다시 직장에 다니면서 그건 선택이 아니라 의무가 됐습니다. 이번에도 대책 없이 거부하다간 시장님이 과태료를 물어야 한답니다. 제게 일할 수 있는 소중한 기회를 주신 것만도 고마운데, 과태료라뇨, 그럴 순 없었습니다.

그렇게 12년 만에 건강검진을 받게 됐습니다. 준비한답시고 열흘 전부터 금주하고 운동도 열심히 했습니다. 그래도 검사 당일엔 무척 긴장됐습니다. 분명 어딘가 탈 났겠지 싶었습니다. 방정맞은 생각이 끊이질 않았습니다. 그러는 사이 검사는 일사천리로 끝났습니다. 잠깐 잠들었다 깬 것 같았는데, 위며 장까지 싹 훑어봤다고 했습니다.

마지막으로 의사 선생님으로부터 대강의 결과를 들을 차례가 됐습니다. 아직 마취가 덜 깼는지, 무슨 말씀 하시는지 잘 알아듣지 못했습니다. 그런데 그중 확실하게 귀에 들어오는 대목이 있었습니다. "내시경 검사 중 대장에서 용종 4개를 떼 냈어요. 식도하고 위에서도 비슷한 게 발견돼 조직검사를 의뢰할 예정입니다."

가슴이 철렁 내려앉았습니다. 기어이 올 것이 온 건가 했습니다. 의사 선생님께 뭘 물어보고는 싶었는데, 그냥 머릿속이 하얬습니다. 창밖의 파란 하늘만 멍하니 쳐다봤습니다. 제 안색이 걱정됐는지 선생님께선 "그기는 그리 크지 않고 검사를 해 봐야 아는 거니까, 너무 걱정마세요"라 안심시켜 주셨습니다. 하지만 그게 그런다고 그렇게 되나요.

불길하고 안 좋은 예감은 곧잘 현실이 되곤 합니다. 방정맞은 말과 근거 없는 예측도 그렇습니다. 건강검진 소리만 나오면 말도 안 되는 객기나 부리고 그냥 이렇게 살다 어쩌고 하며 입방정이나 떨었으니 괘씸죄에 걸린 게 분명했습니다. 그 벌을 이렇게 받는구나 싶었습니다. 그리고 떠오른 얼굴이 있었습니다. 집에 계신 어머니입니다.

세상천지 우리 둘뿐입니다. 예수님께서 나인 고을에서 만나셨던 과부와 비슷한 처지였습니다(루카 7.11-12 참조). 그녀도 외아들과 둘이 살았습니다. 그런데 그만, 하나 남은 그 아들마저 죽고 말았습니다. 사랑하는 가족을 모두 떠나보낸 어미의 비통함을 무엇에 비할까요. 아들은 또 제 어머니를 홀로 놔두고 제대로 눈이나 감을 수 있었을까요.

예수님은 "울지 마라"고 그녀를 달래시고는 그 아들을 다시 살리셨습니다(루카 7.13-14 참조). 당신도 곧 어머니보다 먼저 떠날 것을 알기 때문이셨을 것입니다. 저도 크게 다르지 않습니다. 전 어머니보다 딱 하루만 더 살고 싶습니다. 그래야 합니다. 그 불온한 혹의 정체가 무엇이든 그에 굴복할 수 없는 이유입니다. 어떻게든 꼭 이겨 내겠습니다.

한쪽 문이 닫히면

사람의 생명이 달린 문젠데, 누군가는 그 소식에 절망과 슬픔에 잠길지도 모르는데, 메시지는 참 무미건조하고 단도직입적이었습니다. 어떠한 꾸밈이나 군말 하나 없이, 그야말로 밑도 끝도 없이 그저 '내시경 검사상 암 의심', 그게 다였습니다. 제 몸 안 어디에선가 암세포가 자라고 있다는 소식은 그렇게 황망하고 황당하게 전해졌습니다.

일반적으로 그럴 때 사람들은 대게 몇 단계를 거친다고 들었습니다. 맨 처음엔 그 사실을 전혀 인정하지 않고, 그럴 리 없다며 부정한답니다. 그리곤 곧장 '분노'의 단계로 접어드는데, '왜 하필 내가', '신이 있기는 한 거야'라며 제3자를 원망하고 그에게 책임을 돌린다고 합니다. 그리고는 '아들 장가갈 때까지만' 하는 식의 '협상' 단계로 넘어간답니다.

운동, 식이요법에 민간요법까지 시도하다가 결국 절망하고 우울감에 빠져 자포자기 직선까지 이르는 게 4번째 단계입니다. 그 모든 과정을 거친 후에야 사람들은 비로소 현실을 있는 그대로 받아들이는 '수용'의 단계로 간답니다. 이때부터 진지하게 치료를 받기 시작한다지요. 막연한 공포에서 벗어나 이성을 되찾는 시기라고 합니다.

대학입시에 떨어졌거나, 이혼을 했다거나, 사업 혹은 투자에 실패했을 때도 그와 비슷한 반응과 단계를 거칩니다. 인간의 심리란 참. 유치하기도 하고 너무 뻔하기도 합니다. 그냥 선선히 눈앞의 현실을 받아들이기가 그렇게 어려운가 봅니다. 저라고 다르지 않았습니다. 그 단계들을 다 거쳤습니다. 다만 속전속결, 한 번에 휙 하고 지나갔습니다.

암이라, 답답해졌습니다. 아무에게도 얘기 안 했는데 사람들이 다 나만 보는 것 같습니다. 일단 사무실 밖으로 나왔습니다. 초겨울의 파란 하늘과 앙상해진 가로수와 질주하는 자동차가 부조리한 풍경을 자아내고 있습니다. 이 또한 아버지의 뜻입니다. 제가 뭘 어쩌겠습니까, 그게 그렇다는 걸. 화내고 원망하고 후회한들 그 상황이 달라질까요.

조직검사결과를 알려 주던 의사는 불친절하고 무뚝뚝했습니다. '큰 병원, 대학 병원 가야 해요'만 반복했습니다. 병원 추천을 부탁하니 '저는 그런 거 하는 사람 아니에요' 하며 모질게 자릅니다. 유명병원 예약하려면 몇 달, 몇 년 기다리는 건 예사고 그나마도 '빽' 없으면 꿈도 꾸지 말라던데 제게 그런 게 있을 리 없었습니다. 그저 막막했습니다.

인천의 한 대형병원에 찾아가 봤습니다. 그런데 첫 만남부터 난처한 표정을 짓습니다. '병원마다 특화된 분야가 있는데, 우리 병원은' 하며 영 자신 없어 합니다. 제 암이 고약하긴 한 모양이었습니다. 자꾸 말끝을 흐렸습니다. 정밀검사 일정을 잡았지만, 저도 썩 내키지 않았습니다. 병원에 대한 믿음이 없으나 불안만 더 했습니다.

부질없는 짓이란 걸 알면서도 인터넷을 뒤져 그 분야에 유명한 병원을 찾아봤습니다. 한결같이 서울의 한 유명병원을 가리키고 있었습니다. 그 말고도 다른 모든 분야에 탁월한 평가를 받는 병원입니다. 턱도 없겠지만 한번 해 보기나 하자며 고객센터에 전화해 봤습니다. 어, 그런데 덜컥 예약을 해줬습니다. 그것도 2주 뒤, 오히려 제가 당황스러웠습니다.

누구보다 신앙심 깊고 계명에 충실했던 욥은 시험에 듭니다. 다복한 가족과 풍족한 재산을 한꺼번에 다 잃습니다. 급기야 몹쓸 병까지 얻습니다. 그래도 그는 흔들리지 않습니다. 믿음의 끈을 놓지 않습니다. 하느님은 물론 그 누구도 원망하지 않습니다. 오히려 더 단단하게 신심을 다집니다. 결국 그는 모든 시련을 이겨 내고 더 큰 행복을 누리게 됩니다(욥기 참조).

아버지의 뜻이라 했어도 솔직히 무섭고 힘들었습니다. 무엇보다 이 모든 상황을 저 혼자 감당해야 한다는 게 그랬습니다. 그런데 전혀 예상치 못한 곳에서 구원의 손길과 맞닿았습니다. 하느님은 한쪽 문을 닫으면 다른 쪽을 열어 주시는 분이 맞았습니다. 그 병원은 당신이 열어 주신 다른 문입니다. 예약을 잡아 준 상담원은 그 문을 지키는 천사였습니다. 저는 감격한 마음으로 성큼 그 안으로 들어섰습니다.

언제나 내 곁엔

병원을 옮겨 내시경과 조직검사를 다시 했습니다. CT도 찍고 핵의학 검사라는 것까지 했습니다. 진짜 암인지, 정말 그렇다면 얼마나 됐는지, 딴 데 번진 데는 없는지 등등을 꼼꼼하게 들여다봤습니다. 하는 내내 긴장됐습니다. 너무 늦지 않았기를 기도했습니다. 더 나쁜 소식을 듣고 싶지 않았습니다. 대신 걱정마세요, 충분히 나을 수 있어요, 그런 말을 듣고 싶었습니다.

제아무리 강한 척하며 살아도 저 역시 여느 보통의 인간과 다르지 않나 봅니다. 겉으론 '사람이야 때 되면 죽는 거야' 했지만 속까지 그러진 못했습니다. 가만히 있는데도 심장은 쿵쾅거렸고 손이며 목소리는 가늘게 떨고 있습니다. 저는 어쭙잖은 객기나 부리던 비겁한 인간입니다. 겁도 많고 나약해 빠진 그런 인간이었습니다.

그동안 내내 혼자였습니다. 암 통보도 검진도, 예약도, 진료도 저 혼자였습니다. 마땅히 상의할 사람도 없었습니다. 병약하신 어머니께는 일부러라도 알지 못하도록 하는 게 맞다고 판단했습니다. 작은 충격으로도 섬망에 드는 걸 직접 본 적이 있기 때문입니다. 형제도 친구도 없었습니다. 그즈음 마침 회사마저 그만 둔 상태였습니다.

마음순례

한 신문에서 어느 암 환자에 대한 기사를 본 적이 있습니다. 40대 초반에 글로벌기업의 중역으로 성공적인 인생을 살던 최지은 님의 사연이었습니다. 성공가도를 달리던 그녀는 암 4기에 9개월 시한부 선고를 받았다고 합니다. 한창 잘 나가던 중에 그런 끔찍한 병에 걸렸으니 그녀의 표현에 의하면 '삶을 통째로 부정당한 느낌'이었다고 합니다.

주위에서 많은 응원과 격려를 보내주었지만 그런 인사말조차 폭력적으로 들리더랍니다. 그는 지인들이 보내준 암 투병기 같은 책들을 다 내버리고 스스로 '배은망덕한 사람'이 되어 병마와 싸웠다고 했습니다. 결국 모든 건 스스로 극복해 내야 할 문제라는 것이었습니다. 병이건, 배신이건, 패배건(중앙일보 2025년 5월 26일 자 '안혜리의 인생').

사람들은 남의 불행을 제 위안으로 삼곤 합니다. '그러게 내가 뭐랬어' 하며 아픈 이를 힐난하기까지 합니다. 사람들이 건네는 모든 인사에는 기실 그런 못된 감정들이 섞여 있습니다. 하는 사람은 아니라 하겠지만 듣는 사람은 그걸 고스란히 느낍니다. 제가 그런 사람이라 누구보다 잘 압니다. 그래서 굳이 남에게 말할 필요를 느끼지 못했습니다.

게다가 암은 여전히 사람들이 기피하고 두려워하는 대상입니다. 암 환자에 대한 편견과 선입견도 사뭇 심각합니다. 완치 판정을 받아도 그 꼬리표는 쉬 떨어지지 않습니다. 제가 30년을 일해온 정치판은 특히 심합니다. 암 환자라는 꼬투리는 그의 의지나 능력과 무관하게 그를 무력하게 만들고 자리에서 끌어내는 좋은 먹잇감이 됩니다.

제 쓸모는 아직 남은 거 같은데 이렇게 용도폐기 되고 싶지는 않았습니다. 제 쓸모를 증명하고 싶었습니다. 일을 더 하고 싶었습니다. 좋은 말도 못 듣고, 오히려 제 약점만 드러낼 바엔 아프다고 소문내지 않는 게 차라리 낫겠다 싶었습니다. 무엇보다 병은 오롯이 내 힘으로 이겨 내야 합니다.

사도 바울께서도 "사람이 나에게 무엇을 할 수 있으랴(히브 13.6 참조)?"고 물으십니다. 사람은 사람에게 별 도움 되지 않으니 아무 기대도 하지 말라는 말씀 같습니다. 그 대신 우리 곁엔 "결코 너를 떠나지도 버리지도 않겠다(히브 13.5 참조)"하시며 "우리를 도와주시는 분(히브 13.6 참조)"이 계시다고 강조해 말씀하셨습니다.

사람은 사람으로 인해 더 아파하고 고통받습니다. 최지은 상무가 '분노해야 진짜 삶이 보인다'고 한 건 그래서일 터입니다. 저도 지금껏 살아 보니 사람에게 뭘 기대하는 것만큼 허망한 것도 없습니다. 그러므로 우리의 기대와 기도는 모두 하느님께로 향하고 사람은 그냥 옆에 있어 주는 것만으로 감사할 일입니다. 당신이 계시므로 저는 혼자가 아닙니다.

희망의 노래

2차 정밀검사결과가 나오는 날입니다. 아침 10시 예약입니다. 출근 시간대와 겹쳤습니다. 지하철을 타니 일터로 가는 사람들로 만원입니다. 승객들은 저마다 피곤한 표정들입니다. 엊저녁에 제대로 쉬지 못한 모양입니다. 자리에 앉은 분들 열중 일고여덟은 쪽잠을 잡니다. 휴대전화를 들여다보는 분들도 이따금씩 길게 하품을 합니다.

그래도 그런 그들이 참 부럽습니다. 어딘가 일하러 나갈 데가 있으니, 아픈 데 없이 저렇게 멀쩡히 밖에 나와 하루를 시작할 수 있으니. 남들 일하러 갈 시간에 병원에 가는 제 처지가 좀 그랬습니다. 10년 넘게 고생하다 이제 겨우 나아지나 싶었는데, 이젠 생각도 못한 암까지 얻었습니다. 악몽을 꾸는 듯도 했습니다.

그럴 땐 기도가 최곱니다. 조용히 눈을 감고 기도문을 읊니다. 오늘 검사결과가 희망적이기를, 그래서 조금 더 목숨을 부지할 수 있기를. 그러나 주님의 생각이 그와 다르다면 그 또한 달게 받을 수 있기를, 그 심판을 두려워하지 않기를. 다만 제가 먼저 떠나야 한다면 어머니, 홀로 남겨질 당신을 위해 제가 당장 할 수 있는 방법을 알려 주시기를.

한 제자는 자신을 팔아넘기고 다른 제자는 또 당신의 그 존재를 부인할 거란 사실을 미리 아신 예수님께서는 근심과 번민에 휩싸이셨습니다. "내 마음이 너무 괴로워 죽을 지경이다"라고 호소하실 정도였습니다. 예수님은 제자 셋만 데리고 겟세마니 산에 올라 기도를 올립니다. 얼굴을 땅에 바짝 대고 참말 간절하게 기도드립니다(마태 26.20-39 참조).

"아버지, 하실 수만 있으시면 이 잔이 저를 비켜 가게 해 주십시오. 그러나 제가 원하는 대로 하지 마시고 아버지께서 원하시는 대로 하십시오(마태 26.39 참조)." 그럴 수만 있다면 당신 앞에 놓인 운명의 잔을 피하고 싶으시다는 고백일 터입니다. 그게 아니라면 아버지의 뜻을 따르겠다는 강한 의지 또한 내비치십니다. 제 심정도 똑같습니다.

병원은 오늘도 붐빕니다. 아픈 사람도 많지만 그를 응원하고 부축하기 위해 따라온 가족과 친지들이 더 많아 보입니다. 여럿과 함께 온 환자의 표정은 왠지 든든해 보이고 어딘가 여유마저 느껴집니다. 워낙 혼자에 익숙한 저였지만 오늘 같은 날엔 누구라도 함께 있었으면 좋았을 거란 생각도 듭니다. 그만큼 불안하고 두렵고 무엇보다 약해졌나 봅니다.

제 차례입니다. 진료실에 들어가니 담당 주치의이신 민양원 교수님께선 벌써 제 내시경 사진을 띄워 놓고 기다리십니다. 영상에 잡힌 제 식도의 암세포는 독버섯처럼 흉칙해 보입니다. 앉자마자 교수님께서 밝은 표정으로 말씀하십니다. "암 맞네요. 맞는데, 걱정할 거 하나 없어요. 수술해서 깨끗하게 잘라 냅시다. 90% 이상 성공할 수 있어요."

환호를 지를 뻔했습니다. 암이 맞다는 데도 뭐가 그리 좋을까요. 암에 걸렸다는 사실보다는 충분히 치료할 수 있다는, 수술하면 완치할 수 있다는, 그래서 얼마나마 더 오래 살 수 있다는 그게 그리 좋았습니다. 주님께서 제 기도를 들어주신 거였습니다. 더 살아서 제 어머니를 끝까지 잘 돌보라 내리신 명령이었습니다. 그렇게 받아들였습니다.

수술을 집도하실 외과 전문의 박성용 교수님도 뵈었습니다. 역시 밝은 표정과 말투로 저를 안심시켜 주십니다. "위치도 좋고 다른 데 전이도 되지 않았어요. 로봇 수술을 할까 합니다. 사람이 하는 것보다 오히려 더 깔끔하고 시간도 절약되죠." 아무리 로봇이라도 사람에 비할까 싶은 마음이 당장은 들었지만 그도 그저 의사 선생님들을 믿고 내맡기기로 했습니다.

수술은 3개월 후입니다. 평시엔 5~6개월 대기도 예사라는데 하느님의 은혜가 계속 이어지고 있었습니다. 그저 감사할 따름입니다. 아침 내내 찌푸렸던 하늘이 어느덧 맑게 갰습니다. 새 한 마리가 파란 허공을 가르며 날아와 키 큰 나무에 앉습니다. '아무 걱정하지 말아요. 주님이 함께 하시니' 맑은 소리로 지저귑니다. 온 대지가 따뜻한 태양볕에 감싸입니다.

You got a Friend

　캐롤 킹(Carole King Klein)은 미국의 유명한 싱어송라이터입니다. 20세기 가장 위대한 여성 아티스트로 기억되기도 합니다. It's Too Late, So Far Away 같은 곡들은 우리나라에서도 큰 인기를 끌었습니다. 하지만 그녀의 가장 큰 히트곡이자, 노래가 곧 그녀가 된 시그니처 명곡은 You Got a Friend가 아닐까 합니다.

　당신이 지치고 힘들 때/누군가의 따뜻한 보살핌이 필요할 때/제대로 되는 일 하나 없을 때에도/그저 눈을 감고 나를 생각하세요/저는 늘 거기 있어요/당신의 어두운 밤을 환히 밝혀 드릴게요/(중략)/사람들은 정말 냉정해요/당신에게 상처만 주고 내팽개치듯 떠나기도 하죠/(중략)/그럴 땐 그냥 제 이름을 부르세요/거기가 어디든 달려갈게요.

　처음엔 사랑하는 사람, 그것도 홀로 짝사랑하는 사람의 심정을 그린 노래인 줄 알았습니다. 차마 다가갈 순 없지만 언제나 먼 발치에서나마 당신을 지켜보고 있다는, 그래서 당신이 곤경에 처했을 때 언제든 달려가 힘이 되어 주겠다는. 참 착한 사람의 맑은 심정을 담은 노래라 생각했습니다. 근데 그보다 더 심오한 뜻이 있다는 걸 얼마 전에

마음순례

알았습니다.

그녀의 You Got a Friend는 가스펠 가수들이 널리 사랑한 곡이었습니다. 가스펠의 여왕이라 추앙받는 아레사 프랭클린(Aretha Franklin)도 그중 한 명이었습니다. 우연히 케이블 TV의 디큐멘터리 영화에서 그녀가 그 노래를 부르는 장면을 봤습니다. 어느 작은 교회였습니다. 노래가 절정으로 치달으면서 사람들은 눈물을 흘리며 따라 부릅니다.

모두의 눈에선 눈물이 흐르고 있었지만 표정은 행복하게 웃습니다. 가사 속의 '친구'는 예수님이었습니다. 그들은 예수님을 진짜 뵙기라도 한 듯, 그를 향해 노래를 바치기라도 하듯 저마다 감격에 겨웠습니다. 그걸 보며 바보같이 지도 따라 울었습니다. "맞아 나는 혼자가 아니야, 내 곁엔 늘 그분이 계셔, 세상에서 가장 힘이 센 분, 난 두렵지 않아."

운동을 마치면 공원 벤치에 앉아 그 노래를 들었습니다. 차가운 겨울 밤하늘에 울려 퍼지는 캐롤의 목소리는 제게 큰 위안이 됐습니다. 어설프게 노래를 따라 부르며 화면 속의 그네들처럼 웃는 표정으로 눈에선 눈물을 흘리기도 여러 번이었습니다. 그러면서 마음을 굳게 다졌습니다. 노래의 힘을 그때만큼 여실히 깨달은 적은 일찍이 없었습니다.

예수님은 "그러나 너희가 나를 혼자 버려두고 저마다 제 갈 곳으로 흩어질 때가 온다. 아니 이미 왔다. 그러나 나는 혼자가 아니다. 아버지께서 나와 함께 계신다(요한 16,32)"라 하셨습니다. 예수님께서 그 아버지 하느님에 기대고 계심을 고백하삽니다. 주님께서 당신과 함께 계시는 것처럼 당신은 또 늘 우리 주위에 계실 것이라 약속하십니다.

수술 날짜는 점점 더 가까이 다가오고 있습니다. 그마저 저는 오롯이 혼자 감당해야 합니다. 왜 두렵지 않겠습니까. 왜 외롭지 않겠습니까. 도망치고도 싶었습니다. 저도 한낱 인간이기에 어쩔 수 없었습니다. 그런 게 도저히 참을 수 없는 지경에 이르면 밖에 나가 걸었습니다. 걸으며 기도했습니다. 걷고 나서 지칠 때 그녀의 그 노래를 들었습니다.

걸음은 제 육신을 단단하게 해 주었고, 기도는 정신의 근육을 키워 주었으며, 노래는 영혼을 맑게 해 주었습니다. 혼자인 듯해도 결코 혼자가 아님을 다시 깨닫고 힘을 얻었습니다. 두려움도 걷어내고 외로움도 씻어 냈습니다. 하나도 무섭지 않았습니다. 수술보다 더 한 것도 다 이겨낼 수 있을 것 같았습니다.

노랫말처럼 예수님은 우리의 생각보다 훨씬 가까이 계십니다. 당신은 제가 가장 약해졌을 때 우연인 것처럼 그 노래를 새삼 듣게 하셨습니다. 그로 인해 저는 다시 힘을 얻고 의지를 다졌습니다. 그건 그러니까 결코 그저 우연만이 아니었습니다. 모든 게 당신의 계획이고 역사였습니다. 그 안에서 저는 분명히 다시 일어설 것입니다. 그리될 것을 믿고 힘껏 기도하겠습니다.

암에 걸린 이유

 흔히 암에 걸렸다고 합니다. 다른 병들은 '걸리다' 말고도 '들다', '앓다' 같은 동사와 붙여 쓰는데 암은 대게 '걸리다'라 합니다. 무엇에 걸린다는 것은 부지불식간에 사로잡힌다는 뜻입니다. 내 의지와는 전혀 상관없이 매우 난처한 처지에 처한 경우를 이릅니다. 잘 가다가 그 때문에 막혀버린 상황을 표현하기도 합니다. 암은 그렇게 고약한 존재입니다.

 불과 10여 년 전만 해도 '암은 곧 죽음'이었습니다. 지금은 의술이 발달해 완치까지는 아니어도 어느 정도까진 치료가 가능해졌습니다. 5년 이상 생존율도 큰 폭으로 늘었습니다. 암 선고를 받아도 마냥 절망만 하거나 울고불고만 하지 않습니다. 그래도 암은 여전히 두려움의 대상입니다. 모두가 자신만은 '걸리지 않기'를 간절히 기도합니다.

 감기는 목이 붓거나, 기침과 오한 따위로 곧 닥칠 것을 예고합니다. 다른 병도 그렇습니다. 하지만 암은 그런 게 없습니다. 몸 상태는 평시와 다를 바 없고, 어디 특별히 아픈 데도 없는데, 암세포는 몸 어딘가에 자리 잡고 주변의 착한 세포들을 갉아 먹습니다. 이상 징후가 있어 병원엘 가면 이미 손쓸 방도가 없을 만큼 진행된 경우가 많습니다.

제 경우에도 그랬습니다. 아무런 전조, 자각증상이 없었습니다. 있었는데 제가 워낙 무뎌서 그냥 넘어간 건지는 모르겠지만 그랬습니다. 조금이라도 아프다거나 불편함도 없었습니다. 가끔 윗배가 당기는 듯한 느낌은 있었어도 그거야 과식, 과음 후에 흔히 나타나는 증세였습니다. 그걸 그것과 연관 지을 생각은 하지도 못했습니다.

특히나 식도는 우리 신체 중 가장 활발하게 움직이는 장기입니다. 거의 쉴 틈이 없습니다. 하다못해 침을 삼켜도 식도를 통해야 합니다. 거기에 이상이 있었다면 뭘 삼킬 때마다 따끔거리거나 부담스럽기라도 했을 터입니다. 그런데도 아무 이상을 느끼지 못했습니다. 암이 얼마나 의뭉스럽고 흉악한 녀석인지 새삼 절감했습니다.

암은 일종의 돌연변이 세포입니다. 우리 몸 안의 정상적인 세포들은 스스로 분열하고 성장하고 사멸하면서 전체적인 균형 상태를 유지합니다. 하지만 암세포는 어디서 느닷없이 나타나서는 엄청난 속도로 증식하고 죽지도 않으며 가공할 공격력으로 정상적인 다른 세포와 장기를 파괴합니다.

결국 내 몸 안의 영양분을 받아 태어나고 그걸 먹고 자란 세포가 거꾸로 생명의 은인을 공격하는 형국입니다. 배은망덕하기가 이를 데 없습니다. 그런데 그것을 욕하기 전에 그들이 왜 그런 반란을 일으켰는지에 대해 생각해 볼 필요가 있습니다. 유전, 잘못된 식습관, 비만, 스트레스 등이 암의 원인일 것이라는 주장이 설득력 있게 인정받고 있습니다.

한자 '암(癌)'은 병질 엄(疒) 변에 바위 암(嵒) 자를 합쳐 씁니다. 우리 몸속에 생긴 정체불명의 덩어리를 의미합니다. 재미있는 건 입 구(口) 자가 무려 셋이나 된다는 사실입니다. 그건 우리 몸의 안 좋은 기운은 모두 게걸스레 놀리는 입을 통해 몸 안에 들어간 게 원인이라는 뜻은 아닐까요. 우리가 뭘, 어떻게 먹느냐가 암의 원인일 수 있다는 말입니다. 예나 지금이나.

"입으로 들어가는 것은 무엇이나 배 속으로 갔다가 뒷간으로 나오는 것을 이해하지 못하느냐? 그런데 입에서 나오는 것은 마음에서 나오는데 바로 그것이 사람을 더럽힌다(마태 15,17-18)." 사람이 먹지 말아야 할 것까지 먹으면 내 안을 온통 엉망으로 만들어 버립니다. 그 속뿐만 아니라 사람 자체를 더럽힙니다.

제 암은 물론 술과 담배가 그 원인일 것입니다. 너무 일찍 시작해 너무 늦게까지 끊질 못했습니다. 그것들이 할퀸 상처를 비집고 암세포가 스멀스멀 올라왔을 것입니다. 하지만 뒤늦은 후회는 아무짝에도 소용이 없습니다. 일단 그 둘을 다 끊었습니다. 안 피우고 안 마십니다. 그 결심이 흔들리지 않도록 평생 회개하고 기도하며 살아야 할 일입니다.

약속의 힘

3개월은 금방 지나갔습니다. 수술 하루 전날 입원했습니다. 예전엔 입원해서 검사하고 상황 봐 수술 결정하고 했을 텐데 요즘엔 다들 그렇게 한답니다. 환자들은 많고 의료진이나 병상은 그에 따라가지 못해서랍니다. 입원실은 6인실이었습니다. 환자 여섯에 보호자 여섯, 어른 열둘이 있기엔 조금 좁았지만 그런 자리나마 제게 돌아온 게 어딘가 싶었습니다.

환자분들은 저보다 조금씩 연배가 조금씩 높아 보입니다. 처음엔 좀 뻘쭘했습니다. 인사를 해야 하나, 하면 어떤 식으로 해야 하나. 갓 전입한 신병의 심정이었습니다. 고민하다 그냥 슬그머니 짐을 풀고, 조용히 환자복으로 갈아입고, 스리슬쩍 자리에 누웠습니다. 다른 분들도 다들 모르는 척해 주셨습니다. 그게 거기 예의이자 문화인 것 같았습니다.

입원이 임박해서야 간병인을 구했습니다. 초등학교 동창입니다. 그는 한 달 전 어머니를 여의었습니다. 치매로 무려 20년을 자리보전하신 끝이었습니다. 집에서 직접 간병했습니다. 삼우제까지 끝낸 그에게 제 간병을 부탁해 봤습니다. 마침 일이 없고 어머니 떠나신 후 공

마음순례

허했다며 그는 단박에 응해 주었습니다. 참 고마웠습니다.

입원 첫날부터 금식입니다. 식사시간이 됐습니다. 다른 환자분들 식사가 들어오자 보호자들은 냉장고 안에서 저마다 싸 온 밑반찬들을 꺼냅니다. 냄새만으로도 그게 뭔지 알 수 있을 것 같았습니다. 참을 수 없을 만치 식욕이 돕니다. 그 강렬한 유혹을 뒤로하고 복도로 나왔습니다. 그때까지 1만 3천 보쯤 걸었습니다. 7천 보를 마저 채우기로 했습니다.

복도를 몇 바퀴 돌고 병원 앞마당에 나가서도 걸었습니다. 이윽고 2만 보가 채워졌습니다. 병실로 돌아오니 다들 식사를 마친 후였습니다. 어느 틈에 냄새도 싹 가셨습니다. 씻고 일찌감치 자리에 누웠습니다. 낯선 잠자리가 영 어색합니다. 모르는 사람들 틈바구니에 끼어 있는 것은 더 그렇습니다. 더군다나 내일은 수술입니다. 편할 리 없었습니다.

하지만 마음은 이상하리만치 평온했습니다. 원래 잠자리를 가렸었는데, 전혀 그렇지 않습니다. 수술이 무섭거나 두렵지도 않았습니다. 짧게는 5시간에서 7시간, 생살을 째고 쇳덩이 로봇을 몸 안에 넣어 장기를 자르고 서로 이어 붙이는 수술입니다. 게다가 폐와 심장 바로 옆입니다. 결코 간단한 수술이 아닙니다. 그런데도 제 심정은 그랬습니다.

소설가 김영하는 고등학생 때 방한하신 요한 바오로 2세를 계기로 성당에서 천주교 탄압과 순교의 역사를 배운 순간을 회고합니다. 그는 "왕조시대의 고문과 폭력은 너무 강한 심리적 잔상을 남겼다(중략). 그런데 하나같이 기쁘게 고문과 처형을 받아들였다는 대목에서는 인간정신의 어떤 불가해한 영역을 엿본 것 같은 기분이었다"고 털어놓습니다.

그러면서 "약속이 있고, 그 약속을 굳게 믿기만 한다면 인간은 그 어떤 잔혹한 고통이라도 견딜 수 있는 무시무시한 존재"라고도 했습니다(김영하 저, '단 한 번의 삶' 중). 하느님께서 우리에게 내려 주신 약속, 죄의 용서와 충만한 평화, 영원한 안식. 순교자들은 그 약속을 믿고 자신의 눈앞에 닥친 죽음의 공포와 고통을 이겨 냈습니다.

하느님께서는 그들에게 약속을 주셨고 우리는 하느님께 믿음으로 화답해야 합니다. 주님의 형제 야고보께서는 하나를 더 요구하셨습니다. 실천입니다. 실천이 없는 믿음은 죽은 것이라 단정하셨습니다. 믿음만으로 의롭게 되는 것이 아니라 실천으로 그렇게 된다고 하셨습니다(야고보서 2.17-26 참조). 순교는 그것의 가장 극적인 방법입니다.

제 처지를 어찌 위대한 순교자들에 비하겠습니까마는 저 역시 그분의 약속을 믿습니다. 그 크기는 전혀 다를지언정 믿는다는 그 사실만큼은 다름이 없습니다. 수술이 잘 되기보다는 당신께 기꺼운 마음으로 온전히 저를 내어 맡길 것을 기도드렸습니다. 창밖을 보니 까만 밤하늘에 별 하나가 유난히 반짝입니다. 아무 걱정 말라는 듯. 아, 이제 정말 자야겠습니다.

사라진 시간들

    수술은 아침 7시였습니다. 새벽에 일어나 간호사분께서 밀어주시는 휠체어를 타고 수술방으로 갔습니다. 충분히 걸을 수 있는데, 양말도 신지 않은 맨발 차림이라 그런가 봅니다. 대기실에 들어가니 환자들이 북적입니다. 맨발에 파자마, 모두 저와 같은 차림입니다. 웃음기 가신 얼굴과 긴장된 표정도 같습니다. 필요한 서류를 작성하고 수술대로 옮겨져 마취를 시작합니다.

    의식을 잃기 전까지 필사적으로 묵주기도를 외었습니다. 하지만 기도는 하나도 앞으로 나아가지 못합니다. 사도신경을 외려는데 '전능하신 천주성부'만 무한 반복합니다. 다음 구절로 이어지질 않습니다. 그러다가 까무룩 정신을 잃어갑니다. 조명 때문인지 눈을 감아도 세상은 무척 밝습니다.

    사람들이 웅성거리는 소리에 눈을 떴습니다. 약간 침침한 조명이 비추는 침대 위에 저는 누워있습니다. 양옆으로 같은 침대가 길게 이어져 있습니다. 회복실 혹은 중환자실인가 봅니다. 얼마나 지났는지, 그보다 수술은 잘 끝난 건지 아무것도 알 수 없었습니다. 눈은 떴지만 몸은 전혀 움직일 수 없습니다.

누군가 다가옵니다. "고생 많으셨어요. 수술은 무사히 잘 끝났어요." 간호사분입니다. 저를 안심시키려는지 짐짓 밝고 큰 목소리를 내십니다. 그제야 저도 안도의 숨을 내쉽니다. 그런데 긴장이 풀려서인지 온몸이 아파오기 시작합니다. 제 몸 여기저기에 관이 박혀 있습니다. 코에, 가슴에 배에 그리고 등에도.

영화 매트릭스에선 그런 관을 통해 영양분을 주입 받고 새 생명으로 태어납니다. 하지만 제 몸에 끼워진 관은 안에 있는 것을 밖으로 빼내는 역할인 모양입니다. 검붉은 피가 관을 타고 흘러나옵니다. 소변줄까지 끼워져 있습니다. 온몸이 아픈 건 당연했습니다. 몸을 마음대로 움직일 수도 없습니다. 사람은 이럴 때 가장 힘듭니다.

28일 금요일 아침에 수술했는데 깨어난 날은 토요일 오후랍니다. 거의 30시간이 지났습니다. 수술은 7시간쯤 걸렸는데 회복하고 마취에서 깨어나는 시간이 오래 걸렸다고 했습니다. 타는 듯 갈증이 느껴졌습니다. 하지만 금식이었습니다. 아무것도 먹을 수 없다고 했습니다. 하긴 식도를 잘라냈으니. 그래도 다행히 말은 할 수 있었습니다.

중환자실에서의 이틀은 말 그대로 비몽사몽이었습니다. 처음 깨어났을 때 아무것도 못 하는데, 어떻게 시간을 보낼까 걱정했지만 그건 그저 기우였습니다. 자다 깨다 반복하는 것만으로 시간은 속절없이 흘렀습니다. 깨어 있을 때 기도를 올리고 싶었지만 도무지 집중할 수 없었습니다. 할 수 있는 게 아무것도 없었습니다. 그저 숨만 쉴 뿐.

"걱정하지 마십시오. 어떠한 경우에든 감사하는 마음으로 기도하고 간구하며 여러분의 소원을 하느님께 아뢰십시오. 그러면 사람의 모든 이해를 뛰어넘는 하느님의 평화가 여러분의 마음과 생각을 그리스도 예수님 안에서 지켜 줄 것입니다(필립 4.6-7)." 그저 감사해야 합니다. 수술 잘 마치고, 다시 사람 사는 세상으로 돌아오게 한 그 모든 것에.

주님의 기도 정도는 외우게 됐습니다. 처음엔 그저 되뇌었지만 나중엔 단어 하나하나, 문장 한 구절, 한 구절이 제게 힘이 됨을 느꼈습니다. 그것에 집중할 때엔 통증도 가시는 듯했습니다. 시간도 빠르게 흐르는 것 같았습니다. 마침내 묵주기도 20단을 헷갈리지 않고 다 외우게 됐을 때, 중환자실을 나올 수 있었습니다.

입원실 가는 길엔 큰 통창이 이어진 긴 복도를 지납니다. 유리창으로 쏟아져 들어온 햇살이 제 온몸을 간지럽힙니다. 그 느낌이 그렇게 좋을 수 없습니다. 사람들의 활기찬 말소리와 세상의 모든 냄새가 너무 좋았습니다. 반겨 주는 친구와 우리 방 환자들의 밝은 표정이 좋았습니다. 그들이 좋아서 저도 좋습니다. 그리 좋아서 또 감사했고 감사하기에 또 기도드렸습니다.

바오로의 가시

금식은 수술 전날까지 포함해 6일이나 계속됐습니다. 밥은 물론 물도 마시지 못했습니다. 그래도 허기나 갈증 때문에 죽을 지경까지는 아니었습니다. 그런대로 참을 만했습니다. 물론 주사로 모든 영양분을 공급한 덕입니다. 링겔로 맞는 영양제가 없었으면 불가능했습니다. 밥 대신 약 먹는 세상은 SF 영화에만 나오는 게 아니었습니다.

그러다 물이 허락됐습니다. 급하게 마시다 탈 날 수 있으니 숟가락으로 떠서 마시라 하셨습니다. 그 첫 숟갈을 잊지 못할 것입니다. 밍밍하고 미지근했지만 입안을 적시고 목구멍을 타고 내려가는 그 느낌은 콜라보다 시원하고 사이다보다 청량했습니다. 한 잔, 아니 한 모금 물의 소중함과 고마움을 절절하게 깨닫는 순간이었습니다.

역시 사람은 입으로 무언가를 막고 마셔야 합니다. 그건 살아 있다는 증거이기도 합니다. 다음 날엔 미음을 먹었습니다. 밥이 익혀지는 순간에 생기는, 끈적이는 액체입니다. 진하고 고소한 쌀 냄새가 감격스럽게 입안을 채웁니다. 씹히는 게 없어도 하나 서운하지 않았습니다. 다음 말엔 진짜 쌀알로 된 죽을 먹게 됐습니다. 밥알에 꿀을 발라놓은 것 같았습니다. 새삼 말이 필요 없습니다.

간호사님께서 수술 후의 식생활에 대해 여러 말씀을 해 주셨습니다. 이것저것 하지 말라는 제약이 참 많았습니다. 이래저래 조심할 것도 많았습니다. 요약하면 이렇습니다. 소화기의 크기가 전반적으로 줄었으니 자연히 먹는 양이 줄고 그러다 보면 영양분 공급이 부족할 수 있으니 조금씩 자주 먹고, 특히 단백질을 많이 보충하라.

참 친절하고 자상하게 설명해 주시는데 솔직히 귀에 잘 들어오지는 않았습니다. 실감이 나지도 않았습니다. 입맛을 잃거나 변한 것 같지도 않은데, 마음 같아선 수술 전과 다를 바 없이 먹으며 다 소화 시킬 수 있을 것 같은데 걱정만 하는 게 아닌가 싶기도 했습니다. 게다가 저는 몇 년 전부터 식습관이 많이 바뀌었습니다. 양은 이미 많이 줄었습니다.

원래 아침은 거르고 하루 한 끼만 먹었는데, 택시 운전을 하면서는 더 많이 줄었습니다. 밥을 먹으면 졸음이나 다른 생리현상도 잦아집니다. 승객들께 본의 아니게 실례를 범할 수도 있어, 거의 점심도 걸렀습니다. 정 배가 고프면 어묵꼬치나 아이스크림 정도로 때우곤 했습니다. 그러다 보니 먹는 양도 보통 성인의 절반 정도에 불과해졌습니다.

함께 밥 먹는 분들이 그걸로 되느냐며 걱정스레 물을 정도였습니다. 하지만 저는 그게 딱 좋았습니다. 그렇게 소식하는 습관을 들여놔서 식사량 줄이기는 큰 문제가 없을 듯싶었습니다. 이 또한 예수님께서 미리 준비하게 하신 건 아닐까요. 벌써 2~3년 전부터 이런 일이 있을 걸 아시고 식사량을 줄이며 대비하도록 하신 건 아닐까요.

"나는 너희를 위하여 몸소 마련한 계획을 분명히 알고 있다. 주님의 말씀이다. 그것은 평화를 위한 계획이지 재앙을 위한 계획이 아니므로, 나는 너희에게 미래와 희망을 주고자 한다(예레 29.11)." 제 추측이 맞을 겁니다. 주님은 어머니와 저와의 평화가 조금 더 지속될 수 있도록 이 모든 걸 예비하신 게 틀림없습니다. 그렇게 믿었습니다.

조금 많이 먹거나 급하게 먹으면 바로 탈이 날 수 있다고 합니다. 절제와 인내가 필요합니다. 본능대로만 살 수 없습니다. 이 병은 욕심을 덜어내고 진중하고 사려 깊은 사람이 되기를 요구합니다. 역설적이게도. 암이 저를 그렇게 인도했습니다. 그러니 꼭 암이 재앙만은 아닌 것 같습니다. 한편으론 제 교만을 일깨우고 바른길로 인도하는 길잡이기도 했습니다.

물리치기보다 오히려 암과 친구가 돼야 하겠습니다. 제가 다시 나태와 교만의 늪으로 가려 하면 단호히 막아 세울 줄 아는 그런 친구 말입니다. 저는 마리아님께 제 병이 깨끗하게 낫지 않아도 좋다고 말씀드렸습니다. 행여 제가 잘못하면 그것으로 다시 아프게 해달라고도 했습니다. 바오로의 가시처럼 말입니다(코린 12. 7. 참조).

육신말고 영혼을

이소룡은 짧고 굵고 아주 세게 한 시대를 풍미한 영화배우입니다. 단 네 편에 불과한 그의 영화는 지금도 걸작으로 추앙받습니다. 그는 출중한 실력을 갖춘 무술인이기도 했습니다. 그가 창시한 절권도는 군더더기 없고 빠르고 강력한 타격을 자랑합니다. 실전에서도 매우 유용하게 쓰이는 것으로 알려져 있습니다.

그를 또 유명하게 만든 건 그의 몸, 더 자세하게 말하면 그 소름 끼치도록 섬세한 근육의 조합입니다. 대가들의 조각작품을 연상케 합니다. 어떻게 저럴 수 있을까, 지금 사람들도 열심히 그를 따라 합니다. 이병헌이나 권상우 같은 우리나라 배우들도 그렇습니다. 실제 그에 근접했다는 평가를 받는 이도 있지만 대부분은 그저 흉내만 내는 수준입니다.

고만고만한 남자아이들은 그 멋진 몸매와 필살기를 날리며 외치는 '아비요~'하는 기합소리에 빠해 그의 팬이 되었습니다. 저도 그중 하나입니다. 시멘트로 만든 역기와 아령을 들며 땀깨나 흘렸습니다. 나중에 아놀드 슈와제네거 같은 거대 근육맨들이 등장했지만 우린 거들떠도 안 봤습니다. 그건 그냥 살덩어리일 뿐이라 치부했습니다.

그 로망은 나이가 들어서도 변치 않았습니다. 틈틈이 운동하고 먹는 것에 신경 쓰는 건 그런 이유도 있었습니다. 하지만 그렇게 되기도 그렇거니와 용케 그 비슷하게 갔더라도 그걸 유지하기 위해선 그야말로 살인적인 노력이 필요합니다. 일반인들은 범접할 수 없는 경지입니다. 그런데 60이 넘어 그 오랜 로망을 이룰 수도 있겠다는 가능성이 엿보였습니다.

본격적으로 걷기운동을 시작하고 난 다음부터입니다. 마의 40일을 넘겨 3개월이 넘는 순간부터 몸무게가 쭉쭉 빠졌습니다. 특히 양쪽 허리께의 두툼한 나잇살과 뱃살이 거짓말처럼 사라졌습니다. 그렇게 군살이 빠져나가며 쇄골과 갈비뼈와 어깻죽지 뼈가 선명하게 드러났습니다. 거기서 근육운동만 좀 하면 이소룡 몸으로 갈 수 있을 것 같았습니다.

그런데 그쯤에서 멈춰도 되건만 체중은 수술 후에도 계속 빠졌습니다. 10kg 넘게 빠졌습니다. 체중뿐 아니라 그나마 있던 근육까지 다 빠져나갔습니다. 특히 하체 근육은 온데간데없이 사라져 버렸습니다. 제가 제 다리를 만지며 '이건 내 다리가 아냐' 할 만큼 얇아져 버렸습니다. 팔뚝도 가슴도 앙상하게 뼈만 남았습니다.

몸에 달린 이런저런 관과 호스를 다 뽑고 상체를 벗고 거울 앞에 섰더니 거기엔 개발도상국의 누군가처럼 같이 비쩍 마른 한 남자가 서 있었습니다. 금식 기간이 상당히 길고 밥도 조심스레 먹어야 하는 병이라 그럴 수도 있었지만 조금 유난하다 싶었습니다. 이소룡을 소망했는데 이건 아니다 싶었습니다.

"그 계시들이 엄청난 것이기에 더욱 그렇습니다. 그래서 내가 자만하지 않도록 하느님께서 내 몸에 가시를 주셨습니다. 그것은 사탄의 하수인으로, 나를 줄곧 찔러 대 내가 자만하지 못하게 하시려는 것이었습니다(코린2 12.7)." 가시(thorn)를 하느님이 주신 상처 혹은 표식으로 해석한다고 들었습니다. 제 몸에 새겨진 수술 흉터와 바짝 마른 몸은 그와 같습니다.

몸 여기저기에 남은 상처는 지워지지 않을 것입니다. 저는 가능한 한 지금의 제 몸 상태를 앞으로도 유지하고 싶습니다. 다시 살을 찌우고 싶지 않습니다. 힘은 조금 딸리고 가끔 혈압도 뚝 떨어지고 현기증도 있겠으나 그거야 급작스런 신체적 변화에 의한 일시적 현상일 것입니다. 몸은 또 금방 새로운 환경에 적응하기 마련입니다.

우리 본당 성전 중앙에는 예수님께서 못 박혀 돌아가신 커다란 십자고상이 있습니다. 사지에 못이 박히고 옆구리를 창에 찔린 예수님의 모습은 처절하고 참혹합니다. 갈비뼈가 훤히 드러날 만큼 야위셨습니다. 그러나 표정은 평화로워 보입니다. 저는 이제 이소룡이 아니라 예수님을 따라 하려 합니다. 육신이 아니라 당신의 영혼을 닮고 싶습니다.

세상으로의 귀환

서울삼성병원은 자타가 공인하는 국내 최고 수준의 병원입니다. 국내는 물론 국제적으로도 그렇다고들 합니다. 밑져야 본전이라는 심정으로 이 병원에 처음 전화를 넣어 본 것도 그래서였습니다. 한 의료잡지에서 희귀한 데다가 어렵기로 정평이 난 식도암에 관한 한 거의 독보적이라고 이 병원을 소개한 기사를 본 적도 있습니다.

플라시보 효과란. 두통환자에게 소화제를 줘도 통증이 사라지는 듯한 기분을 느끼는 경우를 말합니다. 신뢰가 심리에 미치는 영향을 의미합니다. 병원 브랜드도 마찬가지 같습니다. 그게 환자들의 심리에 미치는 영향은 상당히 큽니다. 삼성이라는 브랜드가 그렇습니다. 환자들은 이 병원에서 치료받는 것 자체에 자부심을 갖습니다.

그러니 이 병원에 오기까지는 정말 쉽지 않을 것입니다. 누구나 이 병원에서 치료받기를 원하지만 모두 그럴 수는 없습니다. 비공식적인 경쟁을 할 수밖에 없습니다. 제 어머니께서 또 다른 유명병원의 하나인 서울대 병원에서 수술하셔서 그런 속사정을 잘 압니다. 그런데 아무 배경도 없는 제가 거기에 낀 것입니다. 기적이라고 한 건 그래서였습니다.

마음순례

그 병원은 구조가 조금 특이합니다. 본관으로 들어가면 로비에 원무수납창구가 있고 그 끝에는 커피숍 겸 빵집이 있습니다. 다른 병원 같으면 그런 시설을 같은 1층이라도 한쪽에 밀어두거나 아예 다른 층에 배치했을 텐데 여긴 접수창구의 경계에 그걸 두었습니다. 그 덕에 병원인데도 소독약이나 세정제 냄새 대신 빵 굽는 냄새와 커피 향이 먼저 고객들을 맞아 줍니다.

그 의도가 뭘까 생각해 봤습니다. 어쩌면 환자나 보호자들에게 심리적 안정감을 주기 위한 장치일 수도 있다는 생각이 들었습니다. 동네에서 흔히 접할 수 있는 풍경과 냄새로 병원에 왔다는 긴장감을 풀어 주려는 배려나 친절 말입니다. 실제로 이른 새벽부터 서둘러 병원에 온 환자와 가족들에게 그곳은 마치 사막의 오아시스와도 같습니다.

본관과 암병동 별관은 커다란 통창으로 마감한 긴 회랑으로 연결되어 있습니다. 복도 가장자리엔 간이의자와 테이블이 놓여 있습니다. 보호자들은 그곳에 짐을 풀고 간단히 요기도 하고 환자를 기다리기도 합니다. 창밖은 계절마다 풍경을 바꿉니다. 그 풍경이 참 좋습니다. 그것도 환자가 일반병동에서 암병동으로 이동하면서 심리적 안정감을 갖도록 한 배려일 거라는 생각이 들었습니다.

암병동에도 늘 사람들이 북적입니다. 일반병동만 그렇지 않습니다. 1층에 접수창구가 따로 있는데 언제나 초만원입니다. 암 환자가 이리도 많다는 사실에 갈 때마다 놀랍니다. 그 지하는 또 다른 신세계입니다. 없는 게 없습니다. 식당과 편의점, 선물 가게, 미용실, 각 종교실 등 없는 거 빼고 다 있습니다. 마치 우리 동네 상가 같습니다.

암 병동 현관으로 나가 좌회전하면 가라앉은 듯해 보이는 독립건물 한 채가 있습니다. 장례식장입니다. 암 병동에서 그리 멀리 떨어지지 않았습니다만 직접 보이지는 않습니다. 그런 걸 보면 암 환자들이 불안해할 수도 있겠지요. 예전과는 많이 달라졌다지만 암은 여전히 삶과 죽음의 경계에 선 질병입니다.

사울임금은 다윗을 시기해 그를 죽이겠다고 공언합니다. 다급해진 다윗은 그를 아끼는 요나탄 왕자를 찾아가 "저와 죽음 사이는 한 발짝밖에 되지 않습니다(사무1 20.3 참조)"라며 하소연합니다. 다윗처럼 위기에 선 사람만이 아니라 사람들은 모두 죽음을 가까이 두고 살고 있습니다. 암 병동 옆 장례식장은 그것을 상징하는 풍경이 아닐까 생각했습니다.

저는 그 입구까지 갔다가 다시 되돌아온 셈입니다. 제게 아직 쓸모가 남았기에 그리 돌려세우셨을 것으로 믿습니다. 장례식장과 암병동을 뒤로 남겨두고 빵과 커피 향이 진동하는 로비를 지나 사람 사는 세상으로 다시 나왔습니다. 새봄의 기운이 가득합니다. 그 한가운데로 성큼 발을 내딛습니다. 모든 게 변함없습니다. 그렇게 저는 다시 살게 됐습니다.

마음순례

책임감의 무게

　수술하고 퇴원까지 딱 열흘 걸렸습니다. 수술이 워낙 잘 됐다고 하셨습니다. 집도하신 박성용 교수님은 회진 때마다 자부심 가득한 표정으로 세심히 살펴 주셨습니다. 제 식구 돌보듯 24시간 내내 정성을 다해 보살펴 준 간호사님들의 힘도 컸습니다. 그 한 분 한 분께 정말 감사합니다. 그들이 마치 살아 계신 예수님과 마리아님처럼 여겨졌습니다.

　집에 돌아왔습니다. 회사 일로 한 보름쯤 출장을 다녀오겠다고 말씀드렸었는데 예정보다 훨씬 일찍 왔습니다. 아무것도 모르시는 어머니는 그저 좋아하십니다. 체중이 10kg 넘게 빠지고 걸음도 어기적어기적 부자연스러웠는데 당신은 아무 눈치도 채지 못하십니다. 그만큼 시력도 안 좋아지신 겁니다. 그런 어머니를 보는 제 심경이 복잡했습니다.

　그래도 암 수술입니다. 적어도 두세 달 정도는 나다니지 말고 몸조리해야 한다고 하셨습니다. 어떤 분은 암치유병원이란 곳에 가신다고도 하고 또 다른 분은 공기 좋은 데 가서 요양한다고도 하지만 제게 그런 건 그야말로 사치입니다. 수술받았다는 사실조차 숨겨야 합니다.

평소와 다름없이 행동해야 합니다. 그래야 어머니는 안심하십니다.

　일단 때 되면 집에서 나와 동네 도서관에 갔습니다. 거기 참 잘해 놨습니다. 책도 다양하게 많았고 시설도 한결 좋아졌습니다. 몸은 여전히 아프고 움직이기도 힘들었지만 책냄새와 고요한 분위기가 마음에 평온을 주었습니다. 주변 공원에서 걷기운동도 할 수 있습니다. 책으로 마음을 살찌우고 운동으로 가냘파진 종아리에 근육을 붙였습니다.

　물론 어머니께는 회사에 나간다고 거짓말을 했습니다. '행여 걱정하실까' 그랬지만 거짓말은 거짓말입니다. 거짓말은 거짓말을 낳습니다. 자꾸 그러는 게 불편했지만 다른 뾰족한 수가 없었습니다. 그저 눈치채지 못하시는 어머니께 죄송스럽고 또 고마울 따름이었습니다. 거짓말한 벌을 받아도 어쩔 수 없습니다. 지금도 제가 잘했다고 믿습니다.

　먹는 문제는 조금 심각했습니다. 의사 선생님께선 단백질을 많이 먹어 충분히 영양분을 공급해 주라고 하셨지만 그건 쉽지 않았습니다. 잘 먹히지 않는다는 것도 그랬지만 이런저런 영양분이 갖춰진 음식을 제 손으로 만들어 먹는다는 것이 영 불편했습니다. 하는 것도 익숙하지 않았고 할 수 있다 해도 행여 어머니께서 그런 걸로 눈치채실까 걱정도 됐습니다.

　어머니는 명백한 이 집의 세대주이십니다. 저는 그저 딸려 사는 동거인에 불과합니다. 하지만 저는 어머니를 모시겠다며 이 집에 들어오기를 자처했습니다. 그러겠다고 했으면 그 말에 책임을 져야 마땅합니다. 제 몸 아프다고 그걸 소홀히 해서도 안 됩니다. 그걸 숨기고라도

마음순례

책임을 다하기 위해 할 수 있는 만큼 해야 합니다. 그게 도리입니다.

"무슨 일을 하든지, 사람이 아니라 주님을 위하여 하듯이 진심으로 하십시오(콜로 3.23)." 사도 바오로는 콜로새의 성도들에게 이같이 말씀하셨습니다. 사람들은 일을 하면서 때로 눈속임을 하거나 꾀를 부립니다. 그러나 주님을 위한 일은 그러지 못합니다. 그러면 안 됩니다. 당신께 하듯 다른 사람에게 하는 일에도 성심을 다하라는 가르침일 터입니다.

병원에서 일하시는 분들은 모두가 그런 분들입니다. 그런 투철한 책임감 없이는 타인의 생명을 다루는 어렵고 고된 일을 결코 잘 해낼 수 없습니다. 직접 겪어 보니 그건 사실이었습니다. 그것은 또 사람에 대한 연민이자 사랑이었으며, 매우 강력한 책임감이 있어야 가능했습니다. 그 모든 것이 서로 조화를 이루어야 타인의 목숨을 살릴 수 있습니다.

책임감은 사랑하는 사람뿐 아니라 우리 자신도 살립니다. 제가 그랬습니다. 어머니를 지키겠다고 다짐했으므로 저는 제 병부터 다스렸습니다. 제가 건강해야 약속을 지킬 수 있기 때문입니다. 주님께서 내리신 책임의 은총이 우리 모자를 구원해 준 것입니다. 그 은혜를 잊지 않겠습니다. 제 소명 다하기에 한시도 소홀하지 않겠습니다.

수호천사들

　변영미 누님은 20여 년 전 같은 사무실에서 일한 동료입니다. 저하고는 2살 터울입니다. 그동안 영 못 만났는데 제 아버지 영면에 드시고 동생까지 아버지를 따라간 그해 우연히 만났습니다. 할아버지 할머니 위패를 모신 절에서였습니다. 오랜 시간이 흘렀어도 한눈에 서로를 알아봤습니다. 그는 당신 어머니 차례를 지내러 오셨다 했습니다.

　보험영업을 한다고 했습니다. 특정회사에 소속되지 않고 보험사 상품을 종합적으로 비교 검토해 가장 합리적인 걸 소개해 준다고 소개하셨습니다. 그 자리에서 암보험과 실손보험을 들었습니다. 그때까지 전 둘 다 없었습니다. 보험이 무슨 소용이냐는 위험천만한 생각을 했습니다. 아버지와 동생의 잇단 죽음은 그런 저를 새삼 일깨워 주었습니다.

　결과적으로 그가 알선해 준 보험 덕을 크게 봤습니다. 두 회사에서 나온 보험금은 제 수술비와 입원비를 충당하고도 남을 금액이었습니다. 더욱이 나라에서도 건강보험 산정특례라는 제도가 있어 병원비의 상당 분을 깎아 주었습니다. 제가 보험 덕을 이리 볼 줄은 일찍이 몰랐습니다. 변영미 누님과 대한민국 정부가 다 고마웠습니다.

　　　　　　　　　　　　　　　　　　마음순례

우리 과의 주무팀 서무는 김향 주무관입니다. 서무는 조직의 안살림을 도맡아 하는 엄마와 같은 존재입니다. MZ세대 끄트머리쯤의 나이에 두 아이 엄마인 향 주무관님은 서글서글하고 넉넉한 인상에 늘 환하게 웃는 분입니다. 일은 또 얼마나 야무지게 하시는지, 우리들은 그저 그가 하라는 대로만 하면 됩니다. 그러면 자다가도 떡이 생긴다고도 합니다. ·

　김향 주무관님은 제게 진짜 떡을 주셨습니다. 이 핑계 저 핑계 대며 건강검진을 피하려는 제 등을 떠민 장본인입니다. 철딱서니 없는 제게 으름장과 어르기를 섞어가며 설득하는 통에 그만 두 손 들고 말았습니다. 기왕 할 거라면 빨리 하라고도 성화를 내 그렇게 했습니다. 결과는 다 아시는 대로입니다. 조금 더 늦었으면 정말 큰일 날 뻔했습니다.

　익명의 전화 상담원님은 평생토록 잊을 수 없을 것입니다. 그 유명한 삼성병원입니다. 아무런 기대 없이, 밑져야 본전이라는 심정으로 한 전화였는데 그분은 뜻밖에 "아, 얼마나 속상하세요. 다 나을 수 있으니까 너무 걱정마세요" 하셨습니다. 제가 암진단 후 처음 받아 보는 진심 어린 위로였습니다. 그는 그 자리서 예약까지 잡아 주셨습니다.

　병원의 의료진은 말 할 것도 없습니다. 앞서 말씀드렸듯 그분들의 헌신과 봉사는 예수님 마리아님의 현신처럼 여겨질 정도였습니다. 특히나 간호사 스테이션은 24시간 불이 꺼지지 않았습니다. 환자의 기록을 꼼꼼하게 정리하고 그것을 공유하며 그들이 불편해할 점을 먼저 찾아내 해결해 주었습니다.

　그중 특히 기억에 남는 두 간호사가 있습니다. 둘 중 한 분은 이제

막 입사한 분 같았습니다. 사수 간호사께서 어찌나 자상하고 친절하게 후배를 이끌며 가르치는지, 또 그 조수 간호사님은 그걸 또 얼마나 진지하고 야무지게 받아 쓰시는지, 모습이 참 대견하고 그렇게 예뻐 보일 수 없었습니다. 저는 그분들께 미미 시스터즈라고 별명을 붙여 주었습니다. 둘 다 아름답다는 뜻입니다.

"너희는 이 작은 이들 가운데 하나라도 업신여기지 않도록 주의하여라. 내가 너희에게 말한다. 하늘에서 그들의 천사들이 하늘에 계신 내 아버지의 얼굴을 늘 보고 있다(마태 18.10)." 수호천사는 진짜로 있었습니다. 우리는 평소에 그것을 모르고 또 알면서도 잊고 지낼 뿐입니다. 그들은 우리 곁에 머물며 하느님과 끊임없이 이어 주고 통하게 합니다.

그때 보험을 들지 않았더라면, 그때 다른 조직에서 일했더라면, 그때 다른 상담원이 제 전화를 받았더라면 저는 또 어떻게 됐을까요. 그들은 홀연히 제 앞에 나타나 기꺼이 제 손을 잡아 주었습니다. 힘이 되어 주었습니다. 저는 그 덕으로 다시 일어섰습니다. 이젠 제가 누군가에게 그래야 할 차례입니다.

저를 아프게 하소서

세상을 권능으로 다스리시고
사람을 사랑으로 보살피시는 하느님
모든 아픈 이를 돌보시고 건강을 돌려주시는
당신의 크신 능력을 믿습니다.
저는 이제껏 살아오면서
헤아릴 수 없이 많은 죄를 지었습니다.
결코 용서 받을 수 없고,
살아서는 다 속죄할 수도 없을 만큼의 죄인입니다.
어느 날 갑자기 찾아온 병은
그로 말미암은 형벌의 작은 일부임을 너무도 잘 압니다.
피하려 하지 않고 달게 받고 끝까지 감내하겠습니다.

하오나 죄 많은 제게도 한마디만 허락하소서.
제게 어머니가 있습니다.
아무것도 없는 가난한 집안에 시집와
보란 듯 살림을 일구었으며,

가족이라면 제 입안의 것마저 내주며 사신 분입니다.

누구보다 강한 줄 알았지만

그 역시 그저 나약한 여인의 몸에 불과해

남편 먼저 보내고 아들 하나를 가슴에 묻고 나선

그만 병이 들고 말았습니다.

가슴을 여는 큰 수술을 받아 기력은 쇠했고

관절이 온통 허물어져 거동마저 힘겹습니다.

정신을 매둔 밧줄의 올이 거의 끊기어

작은 충격에도 기억이 출렁이곤 합니다.

그렇게 늙고 병든 여인의 곁엔 오직 한 사람,

죄 많은 아들 하나가 남았을 따름입니다.

저 또한 방탕한 생활로 온 육신이 문드러져

언제 죽어도 이상하지 않지만,

하나 남은 저마저 앞서 보낸 후 홀로 남을 어머니의 여생은 죽음보

다 끔찍할지 모릅니다.

그러므로 간절히 바라오니 제게 건강을 다시 주시어

어머니의 마지막을 돌보게 하소서.

행여 제가 미덥지 않으시거든

제 몸의 병을 깨끗이 다 낫게 하지 마시고

무엇이라도 남겨두시어 또다시 교만해지고 게을러지고

못된 마음 품을 때마다 다시 아프게 하소서.

아픔과 고통으로 날마다 새롭게 하시고

그때마다 다시 제 자리로 돌아오게 하소서.

제 아버지는 성실한 주님의 종이었습니다.

그 못난 아들은 교회로 향하는 아버지를 외면한 채 방탕하고 불경

하게 살았습니다.

당신 떠난 후에야 뼈저리게 후회하며 가슴을 쳤습니다.

그리고 뒤늦게나마 하느님의 품에 들었습니다.

그 아비의 본명과 성경과 반지를 물려받아

주님 앞에 무릎을 꿇었습니다.

어설프고 불충하기 짝이 없는 가짜 그리스도인이오나,

새 삶을 위해 마음을 다잡사옵니다.

어머니 훨훨 떠나신 후 저를 주님 뜻대로 하소서

그게 무엇이든 달게 받고 그에 따라 행하겠나이다.

제 어머니 살아 계실 때까지만 제 건강을 허락하시어,

당신보다 하루만 더 살게 하소서.

우리 주 예수 그리스도를 통하여 비나이다.

아멘

카톡~. 메시지가 왔습니다. 허회숙 선생님입니다. 고교 때 은사님 이십니다. 졸업 후 근 30년 만에 다시 만나 이젠 동지처럼 지내는 사이가 됐습니다. 매일 안부카드를 보내주십니다. 오전에 하나 받았는데 오후에 또 보내셨습니다. 이번에 뭘까, 궁금한 마음에 얼른 전화기를 엽니다. 한글 문서 하나가 첨부돼 있습니다. 제목은 '팔순을 맞은 나의 감회'입니다.

아, 벌써 선생님이 팔순이셨군요. 저는 그저 그 옛날 아리따우시고 그래서 인기 절정의 처녀 선생님으로만 기억하고 있었는데, 어느새 그렇게 되셨군요. 예전 그 모습을 추억하며 보내주신 글을 읽습니다. 1945년 해방둥이로 태어난 이후 지금까지 당신 삶의 궤적을 일목요연하게 정리하셨습니다. A4 세 장 분량에 80년 인생사가 고대로 녹아 있습니다.

저는 '드디어 냉담을 푸셨다'는 대목에서 가장 감동받았습니다. 원래 개신교도였다가 존경하는 지인의 권유로 개종했는데 세례를 받을 무렵 터진 코로나로 의도하지 않은 냉담을 하시던 중이라고 하셨습니다. 정치적인 이유도 조금은 있긴 했지만 어쨌든 최근 그 '존경하는 지인'의 권유로 또 한 번 마음을 바꾸셨다는 것입니다.

저도 선생님께서 '냉담' 중인 것만은 알고 있었습니다. 그래서 제 블로그 글을 보내드리며, 농반진반으로 '냉담 푸셔야죠'를 인사말처럼 드리던 참이었습니다. 그런데 진짜 그러셨다니 제가 얼마나 기쁘겠습니까. 물론 선생님께서 저 때문에 그리되신 건 아니겠지만 제가 아주 작게나마 영향을 드리지는 않았을까요. 그리 믿으니 더 기뻤습니다.

아끼는 후배가 있습니다. 만능 스포츠맨이었는데 안타깝게도 지난해 말기암으로 시한부 선고를 받았습니다. 사람들이 고개를 저을 만큼 병세가 악화된 상황까지 갔었습니다. 그런 그가 얼마 전 제게 전화를 주었습니다. 환자답지 않게 활기찬 목소리였습니다. 지인의 도움으로 유명병원에서 수술을 받고 급속도로 좋아졌다며 근황을 전합니다.

그는 개신교도입니다. 그의 SNS 계정에는 그 사연을 간증하는 영상이 떠 있습니다. 제목은 '의사는 죽음을 말씀하실 때 목사님은 건강을 말씀하셨습니다.' 불과 3~4개월 만에 벌어진, 정말 놀라운 일이 아닐 수 없었습니다. 그의 병세를 자세히 알지는 못하지만 통화내용이나 영상으로만 보면 그는 정말 기적처럼 회복된 듯도 보입니다.

그가 중병에 걸린 소식을 처음 들었을 때부터 지금까지 그를 위해 기도해 왔습니다. 그래 봐야 미사 후 저 혼사 앉아 병자의 기도문을 외는 게 전부지만 정말 간절히 그를 위하는 마음을 담았습니다. 그에게 큰 신세를 지고서도 그가 어려움에 처했을 때 저는 아무 도움도 주지 못한 부채의식이 있었습니다. 그래서 그의 회복소식이 제 일처럼 기뻤습니다.

선생님의 회심이나 후배의 회복에 제가 무슨 역할을 했다고는 생각지도 하지 않습니다. 그럴 리도 없고 당치도 않습니다. 다만 그것이 하느님께서 제 기도를 듣고는 계시다는 표시라고 믿고 싶습니다. 그들과 제 기도가 전혀 무관하지 않기를 희망하는 것입니다. 저는 정말이지 지금의 이 모든 상황이 믿기지 않을 만큼 감사하고 감격스럽습니다.

"어떠한 경우에든 감사하는 마음으로 기도하고 간구하며 여러분의 소원을 하느님께 아뢰십시오. 그러면 사람의 모든 이해를 뛰어넘는 하느님의 평화가 여러분의 마음과 생각을 그리스도 예수님 안에서 지켜 줄 것입니다(필리 4.6-7)" 사도 바오로의 말씀은 과연 옳았습니다. 그의 권유처럼 우린 오직 한 분만을 믿고 기도하면 됩니다.

제 글을 읽고 가톨릭을 믿어 볼까 생각 중인 분도 생겼습니다. 요즘도 그의 건강을 기도하는 지인들이 있습니다. 나의 벗 김종성과 문종건이 더 고민 말고 예수님 품 안에 들기를, 구재영과 예주 마리아가 건강을 도로 찾길 간절히 기도합니다. 6년간의 순례는 이렇게 일단락합니다만 길은 여전히 이어져 있습니다. 재 앞에 남은 저 길을 다시 걷겠습니다. 걸으며 또 기도하겠습니다.

블로그: https://blog.naver.com/soleil40

마·음·순·례

ⓒ 이상구, 2026

초판 1쇄 발행 2026년 1월 1일

지은이	이상구
펴낸이	이기봉
편집	좋은땅 편집팀
펴낸곳	도서출판 좋은땅
주소	서울특별시 마포구 양화로12길 26 지월드빌딩 (서교동 395-7)
전화	02)374-8616~7
팩스	02)374-8614
이메일	gworldbook@naver.com
홈페이지	www.g-world.co.kr

ISBN   979-11-388-5089-6 (03230)